全面助推交通强国战略落地

# “互联网+”助推交通强国

赵光辉　姜彦宁◎著

人民邮电出版社
北　京

图书在版编目（CIP）数据

“互联网+”助推交通强国 / 赵光辉，姜彦宁著. --
北京：人民邮电出版社，2018.7（2021.8重印）
（交通强国系列读本）
ISBN 978-7-115-48436-9

Ⅰ. ①互… Ⅱ. ①赵… ②姜… Ⅲ. ①互联网络—应用—交通运输业—研究—中国 Ⅳ. ①F512-39

中国版本图书馆CIP数据核字(2018)第096901号

## 内容提要

本书分为全面打造现代综合交通运输体系、深化交通供给侧改革、城市智能交通、移动互联网时代的交通运输、大数据交通、物联网时代的交通物流智能化、共享交通、“互联网+客货运输”“互联网+物流”“互联网+停车”等十大部分，全方位、立体化地深入分析了“互联网+”时代背景下，我国实施交通强国战略的宏观背景、现实意义、顶层设计、执行方案等，为推进交通强国战略的真正落地提供了一条行之有效的发展路径。本书适合交通行业研究者、对移动互联网发展研究感兴趣和关注智能交通的读者阅读与学习。

◆ 著　　　　赵光辉　姜彦宁
责任编辑　赵　娟
责任印制　彭志环

◆ 人民邮电出版社出版发行　　北京市丰台区成寿寺路 11 号
邮编　100164　　电子邮件　315@ptpress.com.cn
网址　http://www.ptpress.com.cn
固安县铭成印刷有限公司印刷

◆ 开本：720×960　1/16
印张：16.75　　　　2018 年 7 月第 1 版
字数：223 千字　　　2021 年 8 月河北第 2 次印刷

定价：58.00 元

读者服务热线：(010)81055493　印装质量热线：(010)81055316
反盗版热线：(010)81055315

# 推荐序 1

2013 年 12 月 8 日，我在广州参加密西根大学吴贤明制造中心中国校友会。赵光辉博士专程从北京来到广州。他告诉我，他是从山东费县交通运输局结束调研后启程的，他先后到了山东济南遥墙机场、北京首都机场、北京火车站、南京火车站、南京禄口机场、安徽合肥火车站，然后从安徽火车站租了一辆车，到达武汉天河机场，然后飞到广州，再到南海区。风尘仆仆的他平静地说：都是雾霾惹的祸，从北京到武汉，所有的飞机都不能起飞，高速公路都封路，几天几夜马不停蹄才赶到广州。12 月 9 日下午，他陪同我到广州工业大学。我做了一次学术交流，参观了该校先进的 3D 打印实验室，随后他就飞回北京了。当天晚上，我收到了他发给我的我在大学演讲和参观的照片。

当天，我也从广州回到上海交通大学密西根学院。这里正在举办一场关于大城市交通问题的学术报告，我将以院长的身份致欢迎辞。我想：假如国家交通运输部相关单位的专家，能和来自美国密西根大学交通研究中心以及美国交通研究中心的专家一起研讨各国的交通政策，也许是一个不错的主意。这是一项临时的安排，对参加者来说，也许是一个机会，也许是一个挑战。鉴于此，我只是告诉了赵光辉博士这次学术会议的相关信息。12 月 11 日，赵光辉博士在学术会议上做了一次 5 分钟的演讲，他介绍了中国交通政策的核心内容，以及政府制定交通政策的程序，然后回答了与会代表的提问。大家给他的演讲报以热烈的掌声，除了对内容感兴趣，更对他 12 月 12 日就要赴美国密西根大学之前专程赶到上海，表示感谢。临别之前，我们在上海交通大学密西根学院进行交流，讨论他即将开展的研究计划。当他告诉我“到美国之后所有的生活问题，都已经通过网络安排好了”，我从他的脸上，看到了一位年轻学者融入互联网背景下的自信，这种感觉，和我当年第一次踏上美国的心情实在是有很大不同。

也许是环境的原因吧。这一次，我从赵光辉博士的脸上，已经看不到他在广州和上海时的匆忙。还记得他第一次到我的办公室时，我用英文讲述了我参加达沃斯财富论坛的情况，递给他一本论坛主席施瓦布亲笔写给我的信和一本最新的杂志，希望他对世界制造的背景有所了解。赵光辉博士有一点儿脸红，可能还没有适应英文的环境吧，随后他就离开了。大约一周之后，赵博士返回了，他告诉我，他已经把我给他的《财富》杂志用中英文的形式做成了 PPT，可以展示（就像其他的学者一样，他每个周五上午都要做一次学术汇报）。这一次，我看到他满脸的疲惫，随便翻了翻他随身带的一个厚厚的笔记本，上面是密密麻麻的英文笔记。我没有说什么，对一个学者来说，语言是最基本的要求，要融入美国的学术环境，除了吃苦两个字，没有其他的路可以走。赵光辉博士每天第一个到研究室，每天最后一个离开。大约两个月以后，赵光辉博士已经完成了中国制造、日本制造及美国制造的 PPT，图片非常多，内容吸引人，研究进展比较顺利。

转眼到了 3 月。我在北京人民大会堂被授予“中华人民共和国国际科技合作奖”，受到了习近平主席的接见。回到密西根大学，赵光辉博士告诉我，所有来自中国的访问学者都为我感到高兴。他们希望能到我们的实验室和我当面做一次交流。意外的是，他计划写一本关于访问学者的书，把每位访问学者在美国学习拼搏的故事带到国内，影响更多的后来学者。2014 年 3 月 8 日，20 多位来自祖国各地的学者在密西根大学吴贤明制造中心欢聚一堂，非常愉快。我给他们讲了第一代访问学者，如杨叔子先生在我们这里的学习研究经历，以及学者们的成就和影响等，最后对“怎样做一名访问学者”谈了自己的想法。随后几个月，赵光辉博士给了我一本书《美国访问学者访谈录》

和一本中共中央组织部人才工作局支持的《千人》杂志，里面收录了我在交流活动中的发言。做一名学者，天分非常重要。比天分更重要的，是用心。有一天，赵博士兴致勃勃地告诉我，他一直关注着美国交通运输政策和交通的发展，甚至在底特律听了美国副总统汽车展上的演讲，参观了交通研究中心，考察了很多美国交通机构。我问他："之后呢？"他递给我一本新书《美国交通战略评价》，这是他翻译的美国交通政策和文献。善于将所学通过成果的形式转化出来，这是赵光辉博士与其他学者不同的地方。我们研究室的其他教授和我聊起他时，都说他已经拜访了十几位教授，去过很多图书馆，听过法学院、经济学院、商学院和社会学院等的课程。

2014年下半年，我在南京召开的国际学术会议上做主题演讲。没想到，赵光辉博士竟然也回来参加了这次会议，我演讲完毕离开会场时才偶然看到了他。事后我通过国内的其他朋友才知道，这位对学术研究极为执着的赵光辉博士，在中国交通政策研究方面早已小有名气。他曾经出版了《领导干部现代交通运输知识简明读本》，是给全国交通领导干部，包括管理交通的地方政府市长、县长读的。《交通局长谈交通》，是写给全国2800多个县和400多个市交通局长读的。《交通运输人才战略研究》《公路交通应急管理教程》《交通运输社会服务能力》《互联网 + 交通》等书，为我们了解中国交通政策打开了一扇窗口。不仅如此，赵光辉博士还为河北万合物流集团、"三一重工"辽宁基地等多家企业做过物流专业讲座，在山西平顺、山东费县、广西容县、河北魏县、河北邯郸、河北曲周、甘肃嘉峪关等市县交通局做过专题培训，在河北、四川、甘肃、湖北、河南、湖南、吉林、陕西、云南等多个省交通运输厅机关，以及交通运输部干部教育培训会议上做过报告。

在时代车轮不断滚动、社会格局不断变革的大背景下，互联网正在引领我们进入一个前所未有的新时代。在这个崭新的时代背景下，任何产业要想取得突破性进展，都必须以创新驱动作为引领产业发展的动力。而交通领域的创新，需要由信息通信业、交通运输业、汽车制造业之间深度合作、协同创新，从而形成一种裂变式的创新。

认真拜读了赵光辉所著的《“互联网 +”助推交通强国》一书，我由衷地钦佩两位学者深厚的治学功底及学术远见。本书不仅囊括了两位作者在交通领域丰富的研究成果，而且对国内外智能交通模式的发展进行了详细的介绍。相信本书能给互联网从业者、交通领域的研究者带来诸多裨益。

制造工程专家、密西根大学教授、吴贤铭制造研究中心主任

倪军博士

2018 年 4 月

# 推荐序 2

现代科学技术的进步使智能交通成为世界各国交通运输行业的重要发展方向。技术创新与融合、互联化（Connectivity）、跨界合作及新的商业模式将是未来智能交通行业的重要特征，这些变化无疑会给包括智能交通运输行业和人民的生活带来颠覆性影响。赵光辉教授的《“互联网 +” 助推交通强国》一书，总结并预测了互联网技术对中国智能交通行业产生的冲击和影响。

必须指出的是，为了实现更快、更安全、更清洁和更可靠的目标，世界交通运输行业从未停止过科技创新。这种努力充分体现在最近几年世界智能交通大会（Intelligent Transportation Systems World Congress）的会议主题当中。

2014 年底特律世界智能交通大会的主题是“重塑互联世界的交通运输（Reinventing Transportation in our Connected World)”，2017 年加拿大蒙特利尔举行的世界智能交通大会主题是“互联世界的无间歇移动 （Seamless Mobility in a Connected World)”，等等。值得高兴的是，中国智能交通运输行业的快速进步与发展，已经成为这种努力的重要组成部分。

与技术创新相伴的往往是剧烈的市场竞争。由于中国特殊的多元化汽车和高科技产品市场的特点，企业之间的竞争会变得更加明显。对于国家交通运输以及其他政策制定部门而言，一方面要鼓励企业技术创新与融合，促使传统和新兴企业之间的合作，另一方面要加强国际合作，共同探讨、研究并制定统一的法规政策标准，如自动或无人驾驶机动车的技术、安全和通信标准，以及它们对未来交通基础设施建设的影响和需求等。让我们共同迎接智能交通新时代的来临！

美国汽车研究中心[1]资深科学家

洪强　博士

2018年4月

1 美国汽车研究中心 (Center for Automotive Research， CAR) 是全球汽车产业的重要智库。美国汽车研究中心1965年创立于密歇根大学，2002年成为独立的非盈利研究机构，位于密歇根州安娜堡市。

# 前　言

交通强国是我国政府在立足全球战略视野、深刻把握我国国情特色、研判交通发展潮流及规律的基础上提出的一项国家级战略，党的十八大、十九大报告中均对推进交通强国建设进行了重点论述。2017 年 12 月 25 日，中国交通运输部发言人在全国交通运输工作会议中明确表示，要分“两步走”实现交通强国战略目标：从 2020 年到 2035 年，基本建成交通强国，迈入世界交通强国行列；从 2035 年到本世纪中叶，全面建成交通强国，迈入世界交通强国前列。

交通运输在国民经济发展过程中发挥着先导性、基础性、战略性和服务性的重要作用，是推动国民经济发展的“先行官”。改革开放以来，我国交通运输基础设施建设取得了长足发展，高速铁路里程突破 2.2 万公里、高速公路里程突破 13 万公里，内行航道通航里程近 13 万公里，高铁、大飞机等高端运输装备处于世界领先水平，世界公路建设史上技术最复杂、施工难度最大、工程规模最庞大的“世纪工程”——港珠澳大桥主体工程已经全线贯通，我国俨然已经成为名副其实的交通大国。

但我国交通发展水平与美国、德国、日本等交通强国仍存在较大差距，长期以来，我国交通基础设施建设侧重于规模与速度，忽略了效率与质量，区域发展不平衡，公路、铁路、水路、航空、管道等交通方式未能实现协同发展，多式联运发展滞后。随着我国城镇化进程日渐加快、消费持续升级，交通拥堵、交通事故频发、停车难、物流成本高、运输效率低下等行业痛点亟须解决。

在世界经济格局深度重构、我国经济迈入中高速增长的“新常态”局面下，大力推进交通强国战略持续稳定落地，具有十分重要的现实意义。推进交通强国建设，不仅要交通运输“自身强”，建立安全、便捷、高效、绿色、智慧的现代综合交通运输体系，为公众提供低成本、高效率的优质出行服务，更要“强国家”，服务于“一带一路”、供给侧结构性改革、西部大开发、中部崛起等国家重大战略，为实现中华民族伟大复兴的中国梦提供了强有力的支持。

交通基础设施建设具有周期长、技术及资本密集等特征，尤其是我国复杂多样的地形与庞大的市场需求，使交通强国战略的落地难度提高了几个数量级。而“互联网 +”模式在出行、教育、餐饮等各行各业的不断渗透，使社会各界对互联网与交通运输产业的碰撞融合充满了期待。实践证明，互联网不仅是一种技术与工具，更是一种思维模式、一套解决方案。

移动互联网及智能手机的大规模推广普及，使信息以极低的成本实现实时传播，人们在出行前，可以通过智能手机获取交通路况信息，从而制定更科学合理的出行方案；交通管理部门可以更高效地配置交通资源，有效缓解交通拥堵，发生交通事故时，及时采取应对策略，将交通事故的负面影响降到最低；物流企业可以通过移动互联网实现对运输车辆及货物的全程监测，优化配送路线，降低空载率，提高物流效率。

大数据、物联网、人工智能等新一代信息技术在交通运输领域的广泛应用，将使传统交通行业发生颠覆性变革，交通运输更加智能化、智慧化。在相当长的一段时间里，由于各区域、各部门、各层级存在严重的沟通壁垒，交通运输管理更多地侧重于事后管理，针对已经出现的各种问题制定解决方案，很难在事前及事中环节解决问题。

而大数据等新一代信息技术的应用，将激活海量的数据资源，打破沟通壁垒，推进交通一体化建设，实现区域交通协同发展。更为关键的是，出行企业、物流企业等可以通过分析海量数据，对自身的产品及服务进行持续优化，针对广大民众的个性化需求，提供定制化解决方案。

在“互联网 +”模式的助推下，催生了滴滴出行、摩拜单车等共享交通玩家，它们充分整合线上、线下的交通运输资源，将物品的所有权与使用权分离，提高了汽车、自行车等运力资源的利用效率，有效缓解了交通拥堵，推动绿色交通发展。

搬运机器人、配送机器人、无人机等高端装备在物流领域的应用，为“互联网 + 物流”模式的发展奠定了坚实的基础。顺丰、京东、亚马逊、菜鸟物流等富有探索精神的时代弄潮儿积极探索智慧物流，通过技术、模式及管理创新，为解决最后一公里配送、人力成本过高、配送效率低下等物流痛点提供了新的思路。

未来，随着“互联网 + 停车”模式不断走向成熟，停车难、停车贵问题也将得到有效解决。停车服务商可以利用移动互联网的强大连接能力，将海量离散的停车场资源进行充分整合并高效配置，与此同时，依托完善的智能停车系统，利用分时租赁、停车位共享等方式，提高停车管理水平及服务质量，大幅降低停车成本。

无论是世界交通强国的发展实践，还是我国政府的顶层设计，都展现了实现交通强国战略目标的长期性与复杂性，即便有“互联网 +”模式提供的强大推力，要探索出一条富有中国特色的交通强国之路也绝非一件简单的事情。

鉴于此，作为一名“互联网 + 交通”模式的研究者、观察者及实践者，我对多年的思考与分析进行了深入总结，结合了大量实践案例及自身多年的从业经验，创作了《“互联网 +”助推交通强国》一书，希望能够为创业者、决策者、出行服务商、物流企业、客运企业提供一些指导与帮助。

本书共分为全面打造现代综合交通运输体系、深化交通供给侧改革、“互联网 +”时代的城市智能交通、移动互联网时代的交通运输、大数据交通、物联网时代的交通物流智能化、共享交通、“互联网 + 客货运输”“互联网 +

物流”“互联网＋停车”等十大部分，全方位、立体化地深入分析了在“互联网＋”时代背景下，我国实施交通强国战略的宏观背景、现实意义、顶层设计、切入点选择、执行方案制定等，为推进交通强国战略的真正落地，提供了一条行之有效的发展路径。

需要明确的是，虽然政府部门在推进交通强国战略落地的过程中发挥着主导作用，但要想完成从交通大国向交通强国的转变，仅靠政府部门的力量是远远不够的，还需要科研机构、物流企业、互联网企业、技术服务商、软件开发商、投融资机构等多方的积极参与。

推进交通强国战略落地已经得到了社会各界的高度重视，例如，百度地图、滴滴出行等企业以向政府部门免费开放数据的方式，为实现交通强国战略目标贡献自己的力量。可以预见的是，在各方的积极探索下，未来将会涌现一系列“互联网＋交通”的新玩法，这将有力地确保交通强国战略有效落地。

# 目 录

# 第 1 章
# 交通强国：
## 全面构建现代综合交通运输体系

## 1.1 开启从交通大国迈向交通强国的新征程

### 1.1.1 习总书记关于交通运输业的重要论述

十八大以来，我国进一步明确了从交通大国迈向交通强国的战略目标。在“互联网 +”经济新常态下，我国交通运输业应以五大发展理念为指导，不断深化供给侧结构性改革，积极利用日益发展成熟的移动互联网、大数据、云计算、物联网等先进的信息化技术推动整个交通运输业的转型升级，打造综合交通、智慧交通、绿色交通和平安交通，从而为我国整体经济的跨越式发展提供有力的交通基础设施支撑。

交通运输业是国民经济的支柱性产业，很大程度上影响着其他行业的发展。习近平总书记多次论述了交通运输业在整个国民经济发展中的重要作用，明确了我国交通运输业的发展定位、发展形势、发展方向和战略目标。

可以从以下几点理解和把握习近平总书记关于交通运输业发展的重要论述。

**◆牢牢把握发展的先行官这个角色定位**

习近平总书记指出,“交通基础设施建设具有很强的先导作用”“‘要想富先修路’的说法没有过时”“应把交通一体化作为京津冀协同发展的先行领域”等，这些重要论述既是对经济社会发展规律的总结，又高度概括了交通运输在整个国民经济发展中的先导性、基础性、战略性和服务性的功能，明确了交通运输业作为经济发展“先行官”的战略定位。

不过，交通运输业要扮演好经济社会发展先行官的角色，必须从思想、行动、作风等各个方面实现“互联网 +”的变革升级，先让自身强大起来，构建数字化、智慧化、绿色高效的现代交通运输系统，如此才可能真正发挥对经济社会的引领和支撑作用，为整体经济转型升级和跨越式发展奠定坚实的基础。

### ◆牢牢把握建设人民满意交通这个发展目的

经济社会发展的根本目的是实现人民共同富裕，因此交通运输业的发展也必须始终坚持“为人民服务”的宗旨，建设人民满意的交通。正如习近平总书记指出的，“改善一条溜索、修建一段公路，可能就会让一些贫困地区的群众获得一个脱贫致富的机会”，要“坚持人民利益至上，始终把安全放在首要位置”，“进一步把乡村公路建好、管好、护好、运营好”。

具体来看，建设人民满意交通应把握好以下几点：

（1）坚持安全发展，建设平安交通，把安全生产、安全交通作为最基本的民生工程；

（2）坚持服务为本，牢牢把握“为人民服务”的宗旨，围绕服务大局、服务基层、服务人民，发展交通运输业；

（3）坚持共享发展，不断提高交通运输业公共服务的均等化水平，让所有人民共享交通运输业的发展成果，提高普通大众的获得感和满意度。

### ◆牢牢把握“黄金时期”这个发展形势

“十三五”期间，我国交通运输业将进入基础设施快速发展完善、服务水平显著提高和整体产业转型升级的“黄金时期”。交通运输业应深刻理解和把握习近平总书记对行业发展形势的科学判断与分析。

交通运输业发展的“黄金时期”是对传统发展模式中过于注重发展速度与规模的变革重塑，是从速度型、规模型发展转向质量型、效率型发展，是交通运输业顺应经济发展新常态、整体经济结构转型升级以及全面建成小康社会决胜阶段等背景的必然要求，有助于加快我国交通运输业转型升级、完善综合交通基础设施、不断提升交通运输的运营治理能力，从而最终构建数字化、智能化、安全、高效、绿色的现代综合交通运输体系。

### ◆牢牢把握建设现代综合交通运输体系这个发展目标

习近平总书记指出，当前我国交通运输业已进入建设现代综合交通运输体系的新阶段，需要紧紧围绕这一发展目标，从体制机制、方式方法、工作措施等多个方面创新突破，实现各种交通方式和运输业态的有机融合，“加快形成安全、便捷、高效、绿色、经济的综合交通体系”。

习近平总书记的论述不仅明确了建设现代综合交通运输体系这个战略发展目标，也为交通运输业的发展提供了方向和路径引导，对此可以从以下 3 个维度理解。

（1）“为什么建”：建设现代综合交通运输体系是整体经济社会发展、交通运输业供给侧结构性改革、推进我国从交通大国走向交通强国的必然要求。

（2）“建什么”：到 2020 年基本建成安全、便捷、高效、绿色、经济的现代综合交通运输体系。

（3）“怎么建”：从“平衡各种运输方式”和“各种运输方式融合发展”两个角度发力，积极推进不同运输方式的优化整合，充分发挥不同交通方式和运输业态的比较优势与组合效率。

◆牢牢把握供给侧结构性改革这个发展主线

在新常态背景下，我国交通运输业发展还必须牢牢把握供给侧结构性改革这一主线。正如习近平总书记指出的，推进交通运输业供给侧结构性改革对实现物流业降本增效乃至整体经济效率的提升和转型升级具有重要作用。交通运输业要加大组织创新、管理创新、体制机制创新等各方面的创新力度，“特别是把简政放权、提高效率放到重要位置”。

在整个经济运作体系中，交通运输业是生产与消费的连接枢纽，深化交通运输业供给侧结构性改革、降低物流成本、提高运输效率，有助于提高整个经济体系供给侧的质量和效率。交通运输业应围绕物流业降本增效这一目标，不断推进组织创新、管理创新和体制机制创新，加大简政放权力度，加快实现转型升级，优化供给结构，增强有效供给能力，从而充分满足经济社会发展对交通运输业的更高要求。

除了上述几点，习近平总书记还针对党的建设、“一带一路”精神、绿色交通等方面进行了科学论述，从而明确了新常态背景下我国交通运输业的发展定位、发展目标、发展形势、发展主线等一系列重要问题，为推动我国交通运输业的良性可持续发展、从交通大国迈向交通强国提供了思想理论支撑和方向指引。

## 1.1.2 我国在交通运输领域取得的重大成就

改革开放以来，我国交通运输业发展迅猛，取得了令人瞩目的成就。特别是党的十八大以来，我国交通运输业被推向了新的发展阶段，在很多方面走在了世界领先水平，从而不仅使我国成为名副其实的交通运输大国，也为我国交通运输业转型升级、迈向交通强国提供了有力支撑。

### ◆交通运输基础设施网络规模稳居世界前列

截至 2017 年年底，全国铁路营业里程达到 12.7 万公里，其中高铁 2.5 万公里，占世界高铁总量的 66.3%。铁路电气化率、复线率分别居世界第一和第二位。我国的高铁技术处于世界领先水平，成为交通运输业乃至整体经济在国际社会的一张亮丽的“名片”。

目前，我国公路总里程为 469.6 万公里，覆盖了全国 99.99% 的乡镇和 99.94% 的建制村，其中高速公路总里程世界第一，超过 13 万公里；内河航运总里程 12.71 万公里，拥有世界数量最多的万吨级泊位，总数达 2317 个；颁证民航运输机场 218 个，通用机场 300 个；邮政单程总里程 658.5 万公里，邮政快递网点 21.7 万个，基本形成了“乡乡设所、村村通邮”的邮政快递网络系统。

### ◆运输服务保障能力名列世界前茅

在运输服务保障方面，2017 年前三季度，我国铁路货物发送量累计完成 2.8 亿吨，同比增长 13.9%；累计发送旅客 23 亿人次，同比增长 9.1%；动车组发送旅客 12 亿人次，同比增长 18.7%。其中，铁路旅客周转量和货运量为世界第一，高铁旅客周转量超过世界其他国家和地区的总和；公路客货运输量和周转量均排在全球首位，高速公路在社会总客运量和货运量的比例分别超过 33.3% 和 25%。

在海运方面，外贸货物运输中超过 90% 使用海运，港口集装箱吞吐量在全球占比超过 1/3，从而为我国成为世界第一货物贸易大国提供了坚实支撑；在民航运输方面，旅客运量和货邮周转量均排在全球第二；在物流快递业方面，物流快递业保持年均增长 50% 以上的强劲发展态势，业务规模为世界第一。随着运输服务能力的不断提升，交通运输业对整体经济社会发展的支撑作用也持续增强。

◆科技创新达到世界先进水平

在我国从“制造大国”向“制造强国”的转型过程中，交通运输业一直扮演着“先行官”的重要角色，是我国科技创新的主要领域之一，很多技术能力和水平已处于世界领先地位，大幅增强了我国整体科技水平和综合竞争力。

具体来看，我国在高速铁路、高速公路、特大桥梁隧道、深水筑港、大型机场工程等建造技术方面已达到世界先进水平，成功建造了沪昆高铁、港珠澳大桥、洋山深水港、北京新机场等一批世界瞩目的交通超级工程；高铁列车、C919大型客机、振华港机、新能源汽车等众多自主研发制造的交通运输装备充分展现了“中国创造”的巨大魅力，成为我国制造业在全球市场中的新“名片”。

此外，借助移动互联网、物联网、大数据、云计算、北斗导航系统等新一代信息通信技术在交通运输领域的广泛深度应用，数字化、智能化、便捷高效、安全绿色的现代综合交通运输体系正快速成形。

◆交通运输行业现代治理能力大幅跃升

改革开放以来，我国能在短短二三十年内走完西方发达国家几百年的发展道路，实现交通运输业的根本性改变，一个十分重要的原因是对交通运输业治理模式的不断探索创新，现代行业治理能力持续增强。

我国面对新常态下交通运输领域发展的新形式、新业态、新需求，交通运输业始终保持高度开放创新的精神，不断优化完善综合交通运输管理的体制机制，基本建立现代综合交通运输业的法规、政策、规划和标准体系。

例如，我国是全球第一个针对网约出租车、共享单车等出台全国性管理规章的国家，不仅有力促进了各类创新性的共享经济形态的良性可持续发展，也为其他国家新业态的治理提供了有益经验和启发。

我国发起了“中国—东盟交通部长会议”“上海合作组织交通部长会议”等，并建立了多边合作机制，连续 14 年成为国际海事组织 A 类理事国，中国人首次担任国际民航组织秘书长等，充分表明我国交通运输业在国际社会拥有越来越大的影响力和话语权。

### 1.1.3 交通大国如何迈向交通强国

社会经济的建设与发展离不开交通运输的支持。作为国民经济的重要组成部分，交通运输事业的发展有助于提高人们的经济收入，改善人们的生活。2017 年 3 月末召开的发展改革系统基础产业工作会议中强调，要“以供给侧结构性改革为主线全面推进现代综合交通运输体系建设”，由此可见，交通已经成为国民经济发展的重要推动力量。

**◆交通大国**

为推进现代化综合运输体系的发展，我国交通运输部门整合优势资源，建立并开创了“两纵两横”高速国道主干线，增进了我国东部与西部、南方与北方之间的交通运输关系，围绕中心城市、城市群建设总体交通框架，在乡镇级农村地区铺设交通运输网络，逐步提高各级交通枢纽的承载能力，促进不同地区之间的交通往来。日益完善的交通设施足以支撑快速崛起的社会经济，彰显我国的竞争实力。

**◆迈向交通强国**

作为交通大国，我国接下来的目标是将自己打造成交通强国，为此，要制定确切的发展目标，不断完善基础设施建设，及时维护与升级设备，拓宽交通运输网络的覆盖面；提高相关部门的管理水平与质量，确保交通基础设施网络能够正常运营，采取有效的安全防范措施；改革原有的技术手段及机制体制，打造完善的服务体系，清除交通运输在建设及发展过程中遇到的阻力。

现如今，我国致力于提高交通运输业的安全性，加快其整体运营，并降低交通运输行业的发展给环境带来的负担，使其更好地服务于国民经济的建设与发展。

我国在进行交通基础设施建设的同时，要提高整个行业的运营水平，促进先进技术在各个环节的应用，完善相关部门的管理与服务体系，逐步形成完善的交通运输网络，为快速发展的社会经济提供有力的支持，体现我国交通运输行业的竞争实力，加快实现我国成为交通强国的目标。

### 1.1.4 奋力从交通大国向交通强国迈进

交通运输业是国民经济的基础性和支柱性产业，是“兴国之器、强国之基”。经济新常态下，交通运输业发展必须深刻理解和把握习近平总书记关于打造安全、便捷、绿色、高效、经济的现代综合交通运输体系的重要论述，从多个维度发力，加快推进我国从交通大国迈向交通强国。

**◆着力推动基础设施联网优化**

（1）围绕建设综合交通“一张网”的目标，以综合运输大通道为主骨架，以综合交通枢纽为关键连接点，构建高品质的快速交通运输网、高效率的普通干线交通网以及覆盖广泛的交通运输基础服务网，最终形成立体化互联互通的综合交通网络体系。

（2）从深化推进“一带一路”建设出发，积极构建交通基础设施陆、海、空、网“四位一体”的互联互通网络体系。

（3）从发展普及自动驾驶、新能源等交通运输创新技术的角度着手，加快建设、布局和完善与之匹配的新一代交通运输基础设施网络。

（4）从提高交通运输的系统运作效率出发，不断提升现代治理能力和水平，做好交通运输业存量基础设施的管理和保养工作。

◆着力推动运输服务提质升级

（1）加快不同交通运输方式的深度融合，充分发挥不同交通运输形态的比较优势和组合优势，推进交通运输一体化，构建现代综合交通运输体系。

（2）大力发展绿色交通，提高绿色交通比例，不断减轻交通运输发展带来的环境压力。

（3）着力发展货运网络，加快物流运输系统向国际拓展、向农村下沉、向中西部延伸的步伐，充分发挥交通运输业对整体经济社会发展的支撑和带动作用。

（4）加大简政放权力度，充分发挥市场在优化资源配置、提高利用效率方面的重要作用，同时构建科技驱动、创新驱动的全新发展模式，为广大民众提供数字化、智慧化、多元化、个性化、安全便捷及绿色舒适的交通出行体验和物流运输服务。

（5）大力推进交通业与物流业、制造业、旅游业等关联产业的联动发展、整合发展。

◆着力发挥科技创新引领作用

我国已成为交通大国，但要实现从“大”到“强”的转变，必须转变以往过于追求规模与速度的发展思维和模式，构建以科技创新为核心驱动力的全新发展路径。我国交通运输业要积极借助移动互联网、大数据、云计算、北斗导航系统等先进技术构建“互联网＋交通运输”的创新发展模式，不断增强交通基础设施、运输装备制造等领域的技术水平，大力发展自动驾驶和新能源交通，加快推进并完善交通运输人才队伍的建设，为打造数字交通、智慧交通、绿色交通和安全交通，实现交通强国目标提供有力的技术与人才支撑。

◆着力提升行业现代治理能力

（1）加快并深化综合交通运输、财政事权与支出责任划分、投融资等领域的改革，构建开放、有序的现代交通运输市场秩序，不断增强交通运输行业的现代化治理能力和水平。

（2）积极利用大数据、云计算等先进的信息化技术，不断提高交通运输业的运行效率，建立智能决策支持和监管体系，增强管理控制能力，提高交通基础设施和运输工具的数字化、网络化和智能化水平。

（3）不断增强我国交通运输业在全球行业标准和规则制定中的话语权和影响力，为全球交通运输治理，特别是共享租车等创新业态的监管提供“中国智慧”。

## 1.2 我国加快推进交通强国建设的顶层设计

### 1.2.1 建设交通强国的必要性、进程与目标

◆我国建设交通强国的必要性

（1）建设社会主义现代化强国是实现中华民族伟大复兴的梦想

目前，我国正处于全面建成小康社会、全面建设社会主义国家的新发展阶段。党的十九大报告中将社会主义现代化进程分为两个阶段：第一个阶段，从2020年到2035年，在全面建成小康社会的基础上，再奋斗15年，基本实现社会主义现代化；第二个阶段，从2035年到2050年，再奋斗15年，把我国建设成富强、民主、文明、和谐、美丽的社会主义现代化强国。

（2）建设交通强国是建设社会主义现代化强国的重要组成部分

我国要实现的社会主义现代化强国是一种多层次、立体化、全面发展的国家，政治、经济、文化、社会、生态等全面繁荣。我国政府多次强调不仅要发展经济，更要增强文化软实力，提高并改善民生水平、教育水平，完善医疗健康保障体系等。

在党的十九大报告中，我国政府提出了制造强国、科技强国、质量强国、航天强国、网络强国、交通强国、海洋强国、贸易强国 8 项强国战略，可见交通强国是我国的一项国家级战略，是我国建设社会主义现代化强国的一项重要内容。

（3）建设交通强国在建设社会主义现代化强国中的作用

交通是国民经济的基础性、先导性及服务性行业，对“一带一路”等国家重要战略的实施及其他产业的发展具有重要的支撑作用。

★高铁是高端装备的典型代表，是实现制造强国的重要推力。

★交通领域的车联网、交通管理信息系统等为实现科技强国、网络强国提供了有力的支持。

★公路、铁路、港口等交通基础设施建设，是实现贸易强国、海洋强国的关键。

★发达的交通有利于提高资源流通效率、降低原材料及商品在运输过程中的损耗、充分保障产品质量、推进实施质量强国战略。

### ◆我国建设交通强国的进程及目标

交通强国是建设社会主义现代化强国的一项重要内容，其进程和目标必须和国家的整体建设目标保持一致，当然，为了充分发挥交通对国家及产业发展的支撑和引领作用，可以适度提前交通强国的进程。

与建设社会主义现代化强国类似的是，我们也可以把建设交通强国的进程及目标分为两个阶段。

第一个阶段，从2020年到2035年，着力实现公路、铁路、水运、航空、物流等基础设施的网络化、信息化，通过在运载工具及运营管理方面进行创新，提高发展水平与质量，给广大民众带来更为优质的出行体验，有效降低商品运输成本，提高我国产品在国际市场中的竞争力。

第二个阶段，从2035年到2050年，运用物联网、大数据、云计算、人工智能等新一代信息技术对交通线路及枢纽进行持续优化，实现各层级、各部门、各区域交通信息系统的无缝对接，打造综合性交通信息服务平台，实现交通信息的实时精准传递，提高交通组织的运行效率，使我国步入交通强国之列。

## 1.2.2 我国建设交通强国的认识与衡量标准

作为一项国家级战略，交通强国不仅要建立完善的现代综合交通运输体系，满足广大民众日益增长的高质量出行需求，也要为国家发展提供重要的支撑力量，为实现中华民族伟大复兴的中国梦奠定坚实的基础。

我国交通建设工作取得了举世瞩目的硕果，高速公路及铁路总里程、港口万吨级泊位等都达到了世界首位，在规模和体量方面，我国确实已经步入了交通大国行列，但与欧美交通强国仍存在巨大差距，交通资源利用效率和管理水平仍有较大的提升空间。我国经济的长期稳定发展，国际影响力快速提升，为我国从交通大国转变为交通强国提供了物质基础。

### ◆衡量交通强国，既要看表象，又要看内核

交通强国绝非仅简单地扩大路网规模，而且要将道路利用效率、交通通达度保持在一个较高的水平，建立起完善的交通运输体系，能够为公众提供安全、高效、便捷、绿色的出行服务。

我们不难发现，日本、美国、德国等国家的民众出行品质远高于我国，

为了提高出行品质，未来我国需要进行技术创新、管理创新、模式创新，培育并扶持共享交通等新兴交通业态，使个性化、多元化、品质化的出行需求得到充分满足。

◆衡量交通强国，既要看局部，又要看总体

交通强国不仅表现在国家有发达的公路、铁路、水运、航空等方面，而且必须拥有完善的基础设施体系、综合交通运输体系，运输效率与服务水平保持在一个较高的水平。

◆衡量交通强国，既要立足交通，又要跳出交通

交通运输的发展程度和国家发展水平存在密切关联，尤其是随着经济全球化的不断深入，交通运输对国家经济发展的价值更是得到了充分体现，交通运输部党组书记杨传堂在《做客中央台》节目中指出，科学认识交通强国，需要从以下两个方面进行。

（1）交通运输“自身强”。在基础设施、装备技术、运输服务等交通运输环节处于世界领先水平，不仅有发达的硬件设施、管理水平等软实力，也要达到较高的水平，建立起安全、便捷、高效、绿色、智慧的现代综合交通运输体系，通过发展海陆、陆空、海空等多式联运，充分发挥不同运输方式的组合优势，对运输资源进行高效整合及利用。

（2）交通运输“强国家”。交通运输对国家发展有深远影响，是国民经济发展的重要推动力，为国家重大战略的实施及推进奠定了坚实的基础，在设施供给、运输保障、可持续发展等方面提供了强大的支持。

### 1.2.3 我国与欧美交通运输强国的对比分析

考虑到我国庞大的人口总量，交通运输的基础设施规模仍需要进一步扩大，出行品质和物流效率仍有较大的提升空间。我们不妨从日本、

美国等交通强国借鉴经验：美国的基础设施规模、运输服务能力，以及交通运输对国家发展的支撑作用等位居世界前列；日本强于现代物流、城市轨道交通及综合枢纽建设；德国强于物流运输和多式联运；瑞典强于交通安全；新加坡强于城市交通等。与这些交通运输强国相比，我国未来的交通运输产业仍有较大的发展空间。

**◆就基础设施领域来看，规模仍待扩大**

即便是交通运输相对发达的北京、上海、广州等一线城市，交通基础设施规模仍需进一步扩大，在城市交通运输体系重要组成部分的轨道交通方面，伦敦、东京、纽约的轨道交通线网密度是北京、上海、广州等一线城市的 4 ～ 6 倍，在人均道路面积方面，国内一线城市和发达国家的中心城市也存在明显差距。

**◆就对发展的影响来看，成本还有待降低**

我国制造业规模位居世界首位，但物流运输环节是一大短板，运输效率低下、成本较高等问题使我国制造业企业难以形成较强的竞争力，阻碍了我国经济的转型升级。2017 年，我国社会物流总费用为 12.1 万亿元，同比增长 9.2%，在 GDP 中占比 14.6%，比 2016 年下降 0.3 个百分点。

事实上，从单一货运环节来看，国内运输成本和发达国家的差距并不是很严重，而货运整体成本之所以如此高，关键在于较高的仓储、服务及物流体系成本。未来，要想在以智能制造为核心的新一轮工业革命中取得领先优势，必须打造高水平的现代化交通物流体系。

**◆就日常出行体验来看，品质还有待优化**

从居民的日常出行体验角度来看，我国和日本等交通强国仍存在较大差距。以日本为例，日本打造了开放式、立体化的综合客运枢纽，对地上、地下空间的资源进行充分整合，旅客换乘成本控制在较低的水平。研究数据显示，日本铁路与出租车的换乘距离为 300 米左右，与公交车的换乘距离为 200 米左右，与轨道交通的换乘距离仅有 100 米。

目前，绝大部分的国内城市无法达到这个水平，要想解决这个问题，需要从城市交通规划方面入手，充分发挥各种交通方式的组合效率，提高信息服务水平及质量，引入移动支付等现代化支付方式，给广大民众带来良好的日常出行体验。

## 1.3 我国建设交通强国的内涵、路径与保障

### 1.3.1 我国建设交通强国的基本内涵与重点

广义的交通是指从事旅客和货物运输及语言和图文传递的行业，其内涵是利用汽车、飞机等运载工具，通过交通运输线路和枢纽运输人和物。交通的构成要素主要包括以下 6 种。

（1）人：包括乘客、司机、管理人员、服务人员等。

（2）运载工具：包括汽车、火车、飞机、轮船等。

（3）交通运输线路：包括公路、铁路、航线等。

（4）交通枢纽：包括车站、港口、机场、物流基地等。

（5）人与物的转移活动。

（6）对物品进行装卸的设备及工具。

此外，在交通的构成要素中，还存在信息、组织、目的、安全、速度、体验等衍生要素。

#### ◆我国建设交通强国的基本内涵

我国的交通需求总量庞大，在很多方面已经位居世界前列，高铁运营里程世界第一，铁路运营里程世界第二，截至 2017 年 11 月，我国的

铁路里程为 12.1 万公里，预计到 2020 年将达到 15 万公里，已经是当之无愧的交通大国，但与交通强国仍存在一定的差距，建设交通强国不能仅关注规模与速度，还要注重效率与质量。

目前，我国经济迈入中高速增长的新常态，需要改变传统的粗放式发展模式，注重发展质量，对于实施交通强国战略亦是如此，结合供给侧结构性改革的相关要求，为交通建设制定科学合理的战略规划。

（1）实现交通的基本构成要素及衍生要素的协同发展，并对相关资源进行充分整合及高效利用。

（2）实现公路、铁路、航空、水路等多种运输方式的无缝对接，大力发展多式联运。

（3）通过科技及管理创新提高交通产业的发展水平。

（4）充分发挥交通对国家及产业发展的支撑及引领作用，实现交通强国。

#### ◆我国建设交通强国的重点

从我国交通产业的历史发展进程来看，在发展初期，我们更强调速度，追求规模，用更快、更多的车辆满足庞大的交通需求。随着相关技术及设备的不断完善，以及消费持续升级，交通建设开始强调安全、便捷、舒适，提供良好的运输体验。

而真正的交通强国，不仅要具备高效的运载工具、掌握先进的技术与管理模式、能够给顾客带来良好体验，而且必须实现信息的实时精准匹配，拥有高效的交通组织。

### 1.3.2 建设交通强国的路径和保障体系

#### ◆我国建设交通强国的路径

我国建设交通强国的路径，主要包括以下 4 个方面。

（1）从诸多发达国家的实践经验来看，打造交通强国不能仅依靠交通部门的力量，还需要将其升级为国家级战略，在资源配置、政策制定等方面给予扶持、引导。

（2）将交通强国和制造强国、科技强国、海洋强国、贸易强国、网络强国等战略融合起来，实现交通和制造、科技、海洋、贸易、网络等产业的协同发展，有效提升交通资源的利用效率。

（3）掌握汽车、火车、轮船、飞机等运载工具以及相关装卸设备的核心技术，培养一批优秀的复合型人才，使我国的交通技术及管理水平达到世界一流水平，降低交通领域的准入门槛，鼓励企业及创业者创新、创业。

（4）加快交通信息化、智能化建设，开放更多的交通数据资源，积极引入大数据、云计算、物联网、人工智能等新一代信息技术。

### ◆我国建设交通强国的保障体系

建设交通强国的保障体系，应该包括以下5个方面。

（1）组织方面。打造跨部门、跨区域的协作体制机制，让各级各地区的交通、科技、财政等部门充分沟通交流，制定更科学合理的战略规划。

（2）人才方面。组建研究机构、高等院校、大型制造企业、互联网企业、交通企业高端人才参与的研发团队，并建立交通领域人才交流平台，逐渐打破发达国家垄断交通核心技术的不利局面。

（3）资金方面。国家在提供资金支持的同时，应鼓励更多的社会资本进入交通领域，建立市场化、社会化的资金保障体系，为交通运输建设项目及企业提供充足、稳定的现金流。

（4）应用方面。形成以企业为主体的应用保障机制，通过出台相关政策、资金扶持等方式，使积极引进先进技术的企业更容易建立领先优势，从而加快先进交通技术及设备在我国的推广普及。

（5）法治方面。加快研究制定相关的行业标准，完善交通领域的法律法规，需要明确的是，法律法规的作用是为了规范并引领行业发展，促进良性竞争，而不应该成为企业创新及发展的阻碍。

## 1.3.3 我国建设交通强国的五大战略支撑点

我国许多战略规划的执行有赖于交通运输事业的发展，完善的交通供给为战略实施提供了有效的保障。

**◆为“一带一路”战略的实施提供保障**

在“一带一路”战略的实施过程中，沿线国家及地区之间的经济往来有赖于相关交通运输项目的建设与完善，具体项目包括中巴走廊、中欧大陆桥、中马港口联盟、湄公河次区域交通系统、中国与相关国家开通的356条国际道路客货运输线路、往返于沿线国家的集装箱国际铁路联运班列等，这些交通运输项目能够带动沿线国家及地区的经济与贸易发展。

**◆为京津冀协同发展战略的实施提供保障**

为推进京津冀协同发展战略的实施，国家发展改革委和交通运输部出台《京津冀协同发展交通一体化规划》，打造“四纵四横一环”交通网络骨架，建设并完善多节点、网格状的区域交通网络，在京津冀主要城市推行交通“一卡通”，加大对重要运输节点的建设投资，实现不同运输方式之间的有效衔接，构建现代化交通网络系统，打造新的首都经济圈。

**◆为长江经济带发展战略的实施提供保障**

依托黄金水道的强大运力，出台针对长江上、中、下游的治理措施，发挥航道运输对当地经济发展的带动作用，将上海、武汉、重庆打造成重点航运枢纽，将各个枢纽串联起来，共同提高长江水运的承载能力。与此同时，发挥公路、铁路等运输方式的协同作用，加强长江沿线的港口建设，充分利用当地的优势资源推动其经济发展。

◆为扶贫战略的实施提供保障

农村公路的畅通是农村地区经济发展的基础，数据统计结果显示，2017 年，全国农村公路总里程达 396 万公里，99.2% 的乡镇和 98.3% 的建制村通了沥青路、水泥路，99.1% 的乡镇和 96.5% 的建制村通了客车。近两年，我国财政部门加大了对农村地区公路建设的投资力度，在改建农村公路的同时，不断完善农村交通基础设施的建设，旨在促进农村地区的经济发展，提高民众的经济水平与生活质量。

◆为“公交优先”战略的实施提供保障

近年来，为促进国内城市公路及铁路建设，国家交通部门、财政部门推出一系列发展措施与支持性政策。例如，官方机构采取补贴性政策保证票价稳定，很多城市的交通部门推行了一卡通，旨在降低城市地区发生交通拥堵的概率。此外，共享单车在北京、上海、广州等诸多一二线城市实现了全面覆盖，与此同时，智能电子收费系统得到普遍应用，新能源车得到众多消费者的青睐。

## 1.3.4 我国交通强国战略的顶层设计与落地

◆要靠科技创新提升内力，也要靠管理创新形成合力

经过多年的发展与建设，我国在交通基础设施建设方面积累了丰富的实践经验，很多技术达到了世界一流水平，相继完成了大型机场、特大桥隧、深水筑港等诸多国际公认的施工难度极高的项目。2017 年 12

月21日，港珠澳大桥主体工程车辆通行费收费听证会在珠海正式召开，这意味着世界公路建设史上施工难度最高、规模最为庞大的桥梁——港珠澳大桥即将具备通车条件。

在滴滴出行、ofo等时代弄潮儿的引领下，我国的网约车、共享单车等交通领域的新兴业态也处于蓬勃发展阶段，百度在无人驾驶技术领域也处于世界顶级水平，2018年会推出无人驾驶车“阿波龙”（百度阿波罗和金龙客车合作生产）。诸多实践案例说明，能够让我国在部分领域达到交通强国水平的，正是时代弄潮儿的创新探索精神，它们通过科技及管理创新在诸多细分领域完成了从无到有、从弱到强的转变。

### ◆要靠科技创新提升内力

以新一代信息技术为主导的科技革命，为我国的交通强国战略落地奠定了坚实的基础。大数据、云计算、人工智能、物联网等新一代信息技术的强大颠覆力，给交通行业带来了前所未有的重大变革。百度地图、滴滴出行等互联网公司目前已经开放了其数据资源，这些互联网公司能通过运用车联网、深度学习、智能算法等技术对城市交通路况进行有效预测，帮助广大用户选择合理的出行路线及出行时间，帮助交通部门制定科学合理的管理决策等。

未来，实现大数据、互联网、人工智能等技术在交通运输领域的广泛应用，通过科技创新提高交通服务的水平与质量，建设智能交通、智慧城市，将成为我国迈向交通强国的必然选择。

### ◆要靠管理创新形成合力

技术确实对交通产业的发展很关键，但没有先进的管理模式提供支撑，很难使我国实现从交通大国向交通强国的转变。以多式联运为例，为了加快多式联运的推广进程，有关部门出台了一系列指导政策，并推出多式联运示范工程，2016 年，交通运输部和国家发改委联合公布了第一批 16 个多式联运示范工程项目名单。2017 年 11 月 10 日，又公布了第二批名单，示范工程项目增加至 30 个。

实现交通、城市及产业之间的协同发展也非常关键，公路、铁路、航空等运输方式在城市发展及产业升级的过程中发挥着关键的作用，我国要充分考虑交通、城市、产业之间的关系，通过科学合理的布局与规划，使三者相互促进、相辅相成。

目前，交通运输部通过和中国工程院合作，深入研究交通强国战略，加快制定交通强国的顶层设计与施工方案，明确交通强国的内涵、战略目标、实施路径及保障体系等，将为交通强国战略的持续推进奠定坚实基础。

# 第 2 章
# 深化交通供给侧改革，助推交通强国战略

## 2.1 新常态下我国交通供给侧改革的内涵与要求

### 2.1.1 供给侧改革的内涵、本质及基本要求

在 2015 年 11 月举行的中共财经领导小组第十一次会议上，供给侧结构性改革的概念被首次提出：要在适度扩大总需求的同时，加强供给侧结构性改革，促进供给体系提质增效，为经济发展增加新动力。

此后，中央政府多次提出供给侧改革的要求，尤其是在 2016 年 3 月举行的第十二届全国人大四次会议中，李克强总理表示，要大力推进结构性改革，减少无效及低端供给，扩大有效和中高端供给，增加公共产品及服务供给，使供给和需求协同促进经济发展，提高全要素生产率，不断解放和发展社会生产力。

加快推进供给侧结构性改革具有十分重要的现实意义，是各行各业尤其是交通运输业完成转型升级的关键所在，在为我国现代交通运输业的发展指明了方向的同时，带来了新的机遇及挑战。

◆ **供给侧改革的内涵**

投资、消费及出口作为推动经济发展的“三驾马车”是需求侧的三大需求。供给侧代表了生产要素（主要包括土地、资本、创新及劳动力）

的供给与有效利用。供给侧改革是从需求端切入，运用提高竞争力、解放和发展生产力等方式，淘汰落后产能，培育经济新动能，促使供需平衡，推动经济持续、稳定发展。

和此前的需求侧改革相比，供给侧改革通过提高供给质量及水平取代刺激需求，提高资源配置效率，优化各行业产业结构，从而实现中国经济的转型升级。

◆供给侧改革的本质

现阶段，我国的供给侧改革需要将资源与精力集中在去库存、去产能、降成本、去杠杆方面。本质上，供给侧改革是结构性改革，从产业、要素、制度 3 个维度展开，分别对应转型、创新及改革。

◆供给侧改革的基本要求

供给侧改革的基本要求主要体现在以下 4 个方面：

（1）通过大力发展现代服务业、高端制造业等提高供给质量与效率；

（2）淘汰落后产能、优化产业结构，解决中低端产品过剩的问题；

（3）激活创新创业，创造更多的经济增长点；

（4）打破垄断、放松管制、降低税率、减少税种，使企业过高的运营及交易成本得到有效控制。

### 2.1.2 新常态下我国交通的需求与供给分析

我国交通运输的供给能力已基本能够满足社会经济发展的需求。一直以来，运输供给都是根据运输需求规模制定的，交通运输的供给侧改革就是要转变这一发展思路，大力推动交通运输进行市场化改革，使政府管理水平不断提升，包括让运输业价格实现市场化，简政放权，破除融资壁垒，引进民间资本，加大在新技术方面的投入等。

我国的交通建设持续了30多年，在此期间，交通供给与需求之间的差距不断缩小，供不应求的状况有了明显改善。尤其经过“十二五”阶段的大规模建设，截至2017年年底，全国铁路营业里程达到12.7万公里，高速公路总里程达到12.45万公里。在世界范围内，我国高速公路、高速铁路、城市轨道交通的里程数与港口深水泊位数都高居榜首。交通运输能力不断提升，已基本满足了社会经济发展的需求，部分领域甚至已实现了超前发展，从供不应求变成了供需平衡，交通发展有了一个新起点。

推动运输需求、实现结构性变革的原因有两点：一是经济转型发展，二是生活方式不断升级。传统制造业已基本停止大规模扩张，钢铁、煤炭等行业的规模已达到巅峰，传统产业的现代化水平不断提升，节能环保、生物、新一代信息技术等新兴产业的崛起使货运需求结构发生了较大变革。2017年，我国人均GDP超过8800美元，随着收入水平不断提升，居民需求表现出鲜明的高端化特点，80后、90后的生活消费文化逐渐变成了社会主流消费趋势。在这些因素的推动下，过去高端的出行方式逐渐变得大众化，这也决定了当前运输需求的结构性变革是供给侧改革需要注意的长期发展趋势。

### 2.1.3 供给侧改革对我国交通提出的新要求

供给侧改革战略的持续推进，给我国交通运输业的发展提出了以下几种新的要求。

（1）适应经济发展新常态，继续增强交通运输的总体供给能力

我国庞大的人口基数，加上尚属于发展中国家的现状，决定了我国经济社会发展总体需求仍有较大的提升空间。为了完成2020年全面建成小康社会的目标，我国经济需要以年均6.5%的速度保持稳定增长，提高交通运输发展水平，对释放改革红利、缓解经济下行压力具有十分重要

的作用。

要想充分满足广大民众的出行需求并扩大第三产业的体量与规模，必须提供高水平、个性化、低成本的优质运输服务。因此，未来我国仍需要进一步完善交通运输基础设施建设，在扩大投资规模的同时，出台更多的利好政策，提升交通运输的总体供给能力及服务水平，让有需求的个体与组织获得完善的一体化运输解决方案。

（2）适应全面建成小康社会的总目标，全面提升基本公共服务均等化水平

对交通运输业发展的薄弱环节给予高度重视，在资金、技术、政策等方面有所侧重，全面提升交通运输基本公共服务均等化水平。为个体及组织的运输需求提供更为多元的选择，提高交通运输服务品质，解决弱势群体的出行问题，给公众带来更好的出行体验，使广大民众切实享受到交通运输业发展带来的红利，为全面建成小康社会奠定坚实的基础。

（3）适应区域发展新格局，切实发挥交通运输的先行引领作用

现阶段，我国政府提出的“一带一路”“长江经济带”“京津冀协同发展”三大战略，以及“东部率先”“西部开发”“东北振兴”“中部崛起”的四大板块正稳步推进中，未来，需要使交通运输对推动区域协同发展、培育经济增长新动能、加强城镇一体化建设等诸多方面的引领作用得到充分发挥。

（4）适应新形势，大力推进综合交通发展

建立综合交通运输体系是全面深化改革背景下的必然选择，对提高交通运输服务水平、降低资源流通成本，具有关键的指导意义。

（5）适应科技新变化，加快推进交通运输与互联网的有机融合

新一代信息技术的崛起使各行业发生了重大转变，尤其是新材料、新能源、人工智能等技术在促进传统产业转型升级方面更是爆发出巨大的能量，“互联网＋”也在不断向交通运输领域渗透，滴滴出行、摩拜单车等“互

联网 + 交通运输”模式的探索者也受到了资本方的认可与青睐。

（6）适应生态环境约束，努力实现交通运输绿色发展

绿色发展，体现了对生态环境保护的重视，是实现人与自然和谐发展，为广大民众创造优良生活及工作环境的关键所在。未来，我国在发展交通运输业的过程中，必须将绿色交通运输的理念落实到各个环节，完善交通基础设施的布局，更加合理地配置运力资源。

交通运输业的绿色发展，还需要相关技术及专业设备提供强力的支持，引入更多的低碳环保运输设备，推广多式联运，同时，出台更为严格的监管措施，为发展绿色交通提供制度保障。

（7）适应行业治理新趋势，全面深化交通重点领域和关键环节改革

在交通运输业发展的过程中，必然会遇到一系列问题，再加上新生事物层出不穷，内外部环境也处于动态变化之中，为此，交通运输业必须进行一场前所未有的重大改革。

### 2.1.4 我国中长期交通运输供给侧的要求

过去，受交通基础设施规模不足的制约，我国交通运输发展规划的制定只能以满足运输需求为主。现如今，我国的交通运输已从供不应求迈进了供需平衡阶段，受经济发展新常态的影响，我国的运输需求不可能再出现长期高速增长的局面。面向 2030 年交通运输供给侧改革，我国交通运输必须摒弃“需求决定供给”的发展思路，既要从规模与层面两方面适应运输需求的变化，又要关注创新、绿色、协调、开放、共享等理念，将交通运输的供给导向与引领作用充分发挥出来，提升经济活力，维持社会和谐，让资源环境实现可持续发展。

未来，交通对经济社会发展的引领作用将得到更好的发挥，交通运输发展将从支撑经济发展转向引领经济发展，交通运输管道将在某种程度上实现超前建设，交通运输支撑、引导地方战略、国家战略的作用将

充分发挥出来。

另外，国家将借运输组织效率的提升推动交通运输实现更快的发展，届时，交通运输的重心将从基础设施网络建设方面脱离，转向提升运输组织效率。

此外，相关部门还要特别关注交通公平问题，从单方面重视交通运输的经济效益转向兼顾公平与效益，推动基本交通运输服务实现均等化，让经济发达地区与欠发达地区共享交通运输发展成果。

最后，相关部门要重视发展绿色交通，交通发展模式要从粗放型朝集约型转变。转变途径是提升技术在交通运输发展中的贡献率，减少资源占用，减轻对环境的影响，以推动交通运输实现可持续发展。

## 2.2 我国交通运输供给侧改革的思路与对策建议

### 2.2.1 我国交通运输供给侧改革的发展思路

在响应国家供给侧改革战略的基础上，结合我国交通运输业的发展现状及欧美国家的实践经验，我国的交通运输供给侧改革应该采用以下思路。

（1）目标

交通运输是实现生产和消费对接的关键所在，其效率及服务水平对经济发展会产生直接影响。我国政府多次强调要扩大交通运输的有效供给，降低社会物流成本。交通运输业的转型升级不仅是发展现代交通运输的必由之路，更是供给侧结构性改革的内在要求。

（2）原则

在全面建成小康社会总目标的指引下，遵循国家提出的“三大战略”

"四大板块"的相关要求，根据各地区的实际发展情况，完善交通基础设施建设，选取部分符合条件的城市打造多式联运综合交通枢纽中心，全面提高交通运输服务质量，降低交通成本。

（3）路径

继续加大交通运输的投资力度，补足发展短板，推进交通运输信息化建设，提高道路通行效率。在保持交通运输发展速度与规模的同时，注重效率与质量，实现城乡交通运输协同发展，发挥中心城市的带动作用，引领周边地区的交通运输发展水平，打造覆盖全国的综合交通基础设施网络。

促进公路、铁路、航空、水运及管道等交通运输方式的衔接与融合，充分发挥铁路和水运在大宗货物跨区域、跨国运输中的成本优势，使国内商品在国际舞台上更具竞争力。

（4）动力

创新是推动交通运输供给侧改革的核心驱动力，需要在结合我国交通运输业实际发展状况及宏观发展环境的基础上，向欧美发达国家学习并借鉴经验，进一步深化相关理论及政策研究，制定更为科学合理的发展战略。充分发挥创业者及企业的活力及创造力，为其开展交通运输创新活动提供更有利的条件，激活交通运输业发展的内在动力。

强化实施创新驱动发展战略，以创新驱动逐步取代以资金为主的要素驱动，通过科技创新、管理创新、模式创新及政策创新提高交通运输业的发展水平，为国民经济的持续健康发展提供强大推力。

### 2.2.2 我国交通运输供给侧改革的主要任务

未来我国交通运输供给侧建设的基本思路：积极适应交通运输新需求，朝更快、更经济及融合发展的方向不断发展；以创新、绿色、协调、开放、共享五大理念为指导，主动承担责任，主动采取措施，加快综合交通运输体系建设，推动交通发展方式朝预先设定的方向不断转变；提升整个交通网络的效率与质量，提升其服务水平与综合效益，构建一个完善、顺畅、高效、安全及绿色的现代化交通运输体系，把交通支撑、引领经济发展方面的作用充分发挥出来。

具体来看，我国交通运输的供给侧改革主要有以下5项任务。

### ◆完善交通运输网络，让交通更快捷

（1）借路网完善期的后发优势推动高速运输方式迅猛发展

未来，我国要继续推进高速交通运输网络的发展，不断完善高速路网，大力推进高速铁路及民航运输的建设，促使快递服务水平的不断提升，到2030年建成比较完善的高速公路网、民航运输网、客运铁路网，使快捷的运输需求得到充分满足。长期来看，相关部门与企业还要关注已有高速交通方式的新发展情况，关注新高速交通工具的研发进展，加大在高速交通技术研发方面的投入，为交通运输可持续现代化的实现奠定良好的基础。

（2）积极发展一体化交通，缩短各运输环节的衔接时间

运输系统的效率深受两大因素的影响：一是交通工具的运输时间，二是运输过程中各环节的衔接时间。现阶段，我国各城市的交通与干线交通、各干线交通之间无法实现顺畅的衔接，居民出行换乘的效率比较低，相关配套设施与服务不完善。在这种情况下，我国不仅要加强基础设施的一体化建设，而且要提升运输服务的一体化水平，做好零距离换乘的综合客运枢纽建设，推动客运服务各环节实现有效衔接，实现客票一体联程。

### ◆物流降本增效，让运输更经济

（1）建设无缝衔接的货运枢纽，共享信息资源

以主要物流节点与枢纽场站为依托，建设多式联运的货运枢纽，完善运输体系，构建集装箱、半挂车多式联运的中转站，将铁路、水路联运发展成最主要的运输集装箱方式。以国家交通运输物流公共信息平台为依托，将铁路、航空等运输方式与物流企业平台、社会化平台对接，构建电子赋码制度，实时更新信息，共享信息资源，大力推广一单制，推动一站托运、一次收费、一单到底等运输方式的有效实现，使多式联运效率不断提升。

（2）健全联运机制，鼓励企业转型，推进多式联运

鼓励实力雄厚的运输企业发展多式联运、综合物流，推行联程联运、共同配送等运输模式，构建便捷、兼容的货物一体换装系统，建立系统、完善的企业联运机制，建设集装箱多式联运系统，鼓励企业发展铁路—水路、水路—公路、公路—铁路联运，使中转效率大幅提升。

### ◆推动交通与其他业态融合发展

借助移动互联等现代科技，围绕用户需求，为“互联网+交通”的发展提供助力。

（1）将交通基础设施建设与商业开发、景观开发结合在一起，推动基础设施与商业办公、旅游及相关产业的有序发展。

（2）鼓励城市交通场站充分利用地上、地下空间，推动交通与商业、会展、商务和休闲等功能相结合，最终完成城市交通综合体的构建。

（3）完善港口设施，开展近海湖区的游艇活动，发展国际国内的邮轮航线，让邮轮游艇的发展实现产业化、规范化。

（4）以旅游区、休闲度假区等区域为依托建设汽车营地，推动房车产业有序发展。

（5）完善通航配套设施，构建完善的服务保障体系，提升通航服务水平。

◆提高交通安全和应急保障水平

建立健全交通运输安全管理机制，提升行业外交通安全预防、监管及事故处理能力，做好交通安全管理部门间的沟通与协作，针对枢纽场站、铁路线路安全区等薄弱区域，构建完善的交通运输安全监管体制。

构建国家级及地方级的交通应急保障机制，引导其与社交应急保障体系对接，针对交通应急能力制定相关规则，做好交通应急力量分配、应急物资储备、应急部门分工协作等工作。针对跨区域、跨境突发事件构建应急响应及处理机制，增强信息资源的共享能力。针对航空突发事件构建紧急救援体系，制定相关发展战略，做好基础设施建设，如建设直升机应急起降点等，提升应急救援的速度与效率。

◆发展绿色交通、集约交通，实现持续发展

各城市要大力推广具有绿色环保功能的运输工具，实行高排放标准，将国内的排放标准逐步与国际接轨，逐渐淘汰能耗高、效率低的交通运输工具，引导其朝着大型化、专业化、绿色化和标准化的方向稳步发展，逐渐提高各类交通运输工具的能源利用效率，使能耗不断下降。

各城市要借全国大力建设公交示范城市之机，积极发展公共交通，建设加气、充电等配套设置，以推广节能型交通工具、新能源汽车的应用。做好多式联运、甩挂运输等现代运输组织方式的建设工作，对运输组织进行优化，加快运输工具的周转速度，提升运输效率，使资源占用及能源消耗不断下降。促使线位、岸线等资源实现集约利用，优化配置空域资源，让交通发展与环境实现协调发展。

### 2.2.3 推进交通运输供给侧改革的对策建议

在综合考量当前的国际形势及我国实际发展情况的基础上，为了确保交通运输供给侧改革得以全面落地，未来必须做好以下几点。

### ◆推进市场化改革

交通运输领域的供给侧改革应朝着市场化方向不断发展，自改革开放以来，市场化就成了推动交通运输发展的最大动力。目前，在坚持实现市场化之外，政府还要进一步放松对交通运输行业的管控，简化、放宽项目审批，让政府职能从审批朝市场监管、提供服务的方向转变。

交通运输行业坚持市场化取向，首先，通过制度改革打破行业壁垒，借标准、规范打破技术壁垒，鼓励社会资本进入交通基础设施建设与运营领域；其次，从铁路运价改革角度切入，为交通运输价格改革提供助力与支持，借价格机制让市场优化配置交通运输资源，以推动交通发展方式不断转变；最后，鼓励市场创新，营造一个良好的环境，推动新型运输组织模式不断创新、发展。

### ◆提高交通治理水平

政府要聚焦交通运输领域的外部问题及基础问题，借宏观政策将政府在供给侧结构性改革中的作用充分发挥出来。借各项与交通运输有关的规划和政策推动交通运输资源实现优化配置，在公益性交通基础设施与运输领域进行精准投入。强化政策在推动交通运输发展方面的作用，通过相关政策的完善降低发生交通事故的概率，推动交通与生态环境实现协调发展。

加大对新型交通工具与技术领域的基础性研发投入，构建完善的政策鼓励制度，鼓励企业研发、推广新技术。促使交通治理水平不断提升，面向市场创新行为，构建完善的政策法规，不断提升政府的监管能力与水平。

### ◆完善投资政策

稳中求进、适度超前是我国交通运输投资的主基调，为了促进各区域的协同发展，必须对投资结构进行持续优化改善，针对各地区的实际需求，制定更精准高效的个性化投资策略。尤其是对“老少边穷”地区更要提高投资标准，投入更多的资源推动其交通运输业健康稳定地发展。

建立部省投资联动机制尤为关键。这一机制能够监督地方投资项目资金的到位情况，确保各地的交通运输建设项目顺利实施。与此同时，为了增强和提高中央交通专项资金的投资效果及投资效率，应允许专项资金在省域范围内的交通运输建设项目之间自由流动。

### ◆破解融资难题

结合经济发展新常态的宏观背景，根据国家深化财税体制改革的相关要求，进一步完善“政府主导、分级负责、多元筹资、规范高效”的投融资管理体系，在政府加大投资力度的同时，引入更多的社会资本。

在高速公路、港口码头等收费交通运输项目上，可以考虑成立交通运输项目投资基金，鼓励社会资本参与交通运输投资建设。而针对那些农村公路、普通国道及省道等非收费交通运输项目，可以尝试通过政府购买服务、政府采购工程等方式，创新渠道模式，提高交通运输项目建设的效率与质量。

### ◆防控债务风险

我国对动辄几十亿元甚至上百亿元的交通运输项目所带来的债务风险，要给予高度警惕。各地应通过规范融资行为、评估项目风险、建立债务风险监控预警机制等方式，防控区域性及系统性债务风险。

### ◆加快职能转变

深化行政体制改革，要求转变政府职能，正确处理政府和市场间的关系，使市场在资源配置方面的决定性作用得到真正发挥，实施简政放权、放松管制，强化权力运行制约监督。全面改革行政审批制度，实现放管结合，建立权力与责任清单制度，精简行政审批事项，为广大民众提供优质、完善、便捷和高效的公共服务。

同时，要推进法治建设，建立完善的综合交通运输法治制度体系、权威高效的交通运输行政执法体系，以及强大的交通运输执法保障体系，广泛接受社会监督，为交通运输供给侧改革的顺利实施提供强力支持。

### 2.2.4 交通社会化：交通供给侧改革的方向

在相当长的一段时间里，我国交通运输业主要将精力集中到路网建设、提高交通工具的速度方面，并初步建立了集公路、铁路、水运、航空、管道等多种运输方式为一体的综合交通运输体系。

在移动互联时代，LBS（Location Based Service，基于位置的服务）、物联网、车联网、大数据等科学技术的快速发展，使实时搜集、处理及应用交通运输过程信息具备了落地基础，再加上网络传输、安全加密、对象标识、多媒体技术等技术在交通领域的应用，初步建立了完善的现代交通信息化基础技术架构，为及时处理各种交通运输问题奠定了坚实的基础。

交通社会化是指通过对社会交通资源的高度整合及高效配置，让所有个体及组织的交通运输需求得到充分满足。交通社会化具有完整性和动态性两大特征。

（1）完整性。交通社会化的完整性强调以下 3 点：

★社会中的所有交通运输资源具有整体性特点，能通过应用新一代信息技术及智能工具进行统一配置；

★个体及组织的交通运输需求随时可能出现且极具个性化，应该为其提供定制化的整体解决方案；

★完整的交通社会化服务包括交通运输的实现过程及其信息传递过程。

（2）动态性。动态性强调以下两点：

★交通运输行为信息能够被实时搜集、分析及应用；

★单一个体与组织的交通运输需求会给整个交通运输体系带来动态影响。

交通社会化的实现需要移动互联网技术提供强有力的支撑。在传统的交通运输模式中，公路、铁路、水运、航空等各种交通运输方式无法实现协同发展，公路、铁路发展较为成熟。更为关键的是，各地、各级交通运输部门之间存在沟通壁垒，信息不能高效流通，重复建设问题严重。社会运力并未纳入交通行业发展战略，而且任其野蛮生长，加剧了交通拥堵的问题。

在交通社会化发展规划中，资金、信息、道路资源、运力资源等需要从交通产业整体发展的角度进行整合及配置，使其充分满足社会成员的个性化、差异化出行需求。交通社会化战略的落地，将使我国的交通运输效率实现质的提升，有效降低社会交通成本，惠及亿万民众。

交通社会化所创造出的社会化交通服务将成为我国经济发展的新利润增长点。社会化交通的实现，意味着所有社会成员的个性化交通需求都能得到满足。而我国较高的互联网普及率（截至2017年6月，我国网民总规模达7.51亿，移动网民为7.24亿人），是完成这一目标的重要保障。

如果交通运输服务企业的能力有限，则无法达成良好的经营业绩，盈利能力及发展速度将受到极大的限制。在宏观经济不景气的背景下，资本方越来越难以接受持续投资的行为。现阶段，发展交通社会化的首要目标是，整合交通运输服务企业掌握的优质资源，建立完善的交通综合技术运营平台。这需要移动通信、信用体系、系统集成、大数据、云计算、卫星定位、对象识别、票务凭证、保险金融、安全加密等多种技术提供强有力的支撑。

当然，让以盈利为目的的各企业共享优质资源，需要充分发挥社会公益机制的作用，引导企业组建迎合现代交通运输业发展需求的产业联盟，协调利益分配、实现合作共赢，这样才能确保各企业的活力及创造力得到充分发挥。

# 第 3 章
# “互联网 +”时代的城市智能交通

## 3.1 “互联网＋城市交通”：新常态下的城市交通变革

### 3.1.1 “互联网＋城市交通”时代的来临

随着“互联网+”计划不断助力社会发展，移动互联网重塑新的生活形态，互联网对整体社会的影响已经进入新的阶段。

2015年7月，李克强总理批准印发《关于积极推进“互联网+”行动的指导意见》，这一举措把“互联网+”带入了生产领域，为产业化水平的提高带来了极大的动力，从而进一步促进了经济社会发展新优势的产生。同时，这也意味着“互联网+”作为一项政策被正式纳入国家发展战略布局。

在指导意见提出的11项具体内容中，有9项涉及了“互联网＋便捷交通”的问题。这意味着，在未来，我国发展与改革委员会和交通运输部将着手推进互联网和交通运输业的融合，推动交通运输业的多个环节在线化、网络化，大力整合交通资源，促进跨交通工具、跨领域的资源共享，实现科学调配和科学治理，打造一体化、人性化及便捷化的高效运营服务体系。

要想充分利用互联网带来的价值，我们必须革新传统的互联网思维模式，用“互联网新思维”探寻和规划价值，才能充分享受互联网平台带来的公开、高效、双赢等多种福利。

在美国作家 Dave Kerpen 创作的《互联网新思维》中，我们可以了解到互联网六大新思维观，包括用户思维、简约思维、迭代思维、社会化思维、服务思维和平台思维，其中用户思维是最本质也是最核心的部分。“以用户为本位”基本打破了传统模式中产业对用户的单向输出模式，充分考虑了用户的需求，并持续满足和维护这种需求。

互联网与城市交通相结合的成果层出不穷，滴滴等智能出行方式便是最典型的例子。尽管在发展过程中出现了不少问题，但我们不能否认，利用手机互联网实现出行方式的多样化，不仅极大地方便了用户的出行，而且充分利用了车辆资源，提高了资源使用率，符合共享经济的发展概念。这种方式如同京东、淘宝一样，是“互联网 +”与不同领域相结合产生的成果。

“互联网 +”在交通领域的应用已经渐趋成熟，并在不知不觉中渗透了我们的生活，如网上订票系统、高速公路上的不停车电子收费系统等。

“互联网 + 城市智能交通”是在大数据、云计算、云空间等先进互联网技术的帮助下，对交通资源进行整合，在互联网与交通运输业深度融合的基础上，实现以线上为调配平台、线下高效执行的配合方式，形成了互联网时代的新业态模式。

如今，为了进一步推动“互联网 + 便捷交通”的发展，应在技术和产品创新方面注意以下几点。

◆大数据的整合和分析

随着互联网运行速度的不断提升，其整合数据的能力也随之提高，尤其近几年来，互联网数据几乎每隔两年就要成倍增长，交通行业也不例外。

面对如此庞大的数据接入，交通大数据面临的挑战也随之而来。

（1）对不同领域的数据进行协调、融合及分析

交通信息数据的采集方式是多样化的，因此采集到的数据也在形式和特点上存在差异。以数据格式来说，不同的采集方式采集到的数据格式不同，包括视频、图片、音频等，此外还有结构化数据和非结构化数据之分。

在融合不同类型的数据时要注意以下几点。

★保证数据的完整性和准确性。就卡口车辆的特征数据来说，早先的设备条件达不到，只能采集到号牌及颜色，对于车的品牌、型号、车系等就无能为力，在分析套牌车时准确度不高。因此，在进行数据融合分析时，要建立统一的标准，否则就会生出很多麻烦。

★做到数据共享。也就是说，一个部门的数据不仅可以满足自身的需要，也能够与其他部门对接，满足其他部门的需要。

（2）交通智能化发展不足

交通智能化主要表现在前端智能化和数据综合利用两个方面。

前者主要指工作在一线的设备智能化，尤其是感知智能化，包括交通信号智能控制、事故预警、违规监测等，设备智能化程度越高，收到的数据就会越准确，也就能为控制中心分担更多压力。

后者的缺陷主要体现在云计算能力的不足。目前交通行业虽已加大云储蓄、云计算等项目的开发，但依旧停留在硬件建设方面，数据来源也较为单一。

高德地图每年会发布《中国主要城市交通分析报告》，其数据来

源主要是浮动车数据，对交通管理数据的运用较少。"公安车辆大数据研判解决方案"是大华股份利用大数据的卡口过车数据建立的研判系统，可在EC云存储和分布式Hadoop架构的基础上实现秒级数据检索，并能够对车辆车标、类型等信息进行高精度细分。

卡口过车数据的有效利用有利于在人与车之间建立联系和高效分析关系模型，能够及时做出高位车辆预警。目前，这种利用形式已经在山东等多地付诸实践并取得了不错的效果。当然，对其他数据的挖掘和应用还应进一步深入，算法等也应进一步提升。

### ◆移动互联网影响下的跨界交通信息融合纵深化发展

随着移动互联、大数据、物联网等技术的进一步深化发展，在其影响下的城市智能交通也在顶层网络设计、部门之间的跨界信息融合和信息发布等方面出现了一些新的发展特点，具体表现如下。

（1）物联网影响下的网络设计

公安信息网和交通专网是公安交通交警管理部门存在的两种网络类型，不同类型的网络之间存在着接入方面的安全壁垒，内部都有自己专用的业务数据。只有打破二者之间的壁垒，促进资源的流通共享，才能体现大数据真正的价值。

除此之外，铁路、民航、公交及专车之间也存在着数据壁垒，要发挥数据的真正价值就必须在确保信息安全、尊重隐私的基础上实现资源共享，这就需要顶层网络设计打破数据壁垒，实现真正的智慧交通。为了推动这一目标的尽快实现，政府部门也应该积极参与、正确引导。

（2）跨界信息资源整合

互联网的飞速发展把交通运输业带入信息时代，信息化服务重视信息的整合和共享交流，在进行综合性掌握的基础上关注不同客户的个性化体验，与“用户至上”的理念相契合。

不同的客户对交通信息的需求也是不同的，如商旅人士较为关注民航等航班信息、铁路时刻信息等，朝九晚五的上班族更关注公交车、出租车的信息。但是这些信息分属于不同的部门，部门之间存在信息沟通的壁垒，即使部门内部也存在信息交流的“死角”。例如，公安部和建设部主导的“畅通工程”，其建立的数百个交通指挥中心多以子系统的方式存在于交通系统内部，相互联系少。

“互联网 + 城市智能交通”能够从各个环节出发，促进交通信息的深度融合，并在融合内容和融合程度上进一步深化，以上海为代表的一线城市已经开始尝试。

（3）移动互联网改革信息发布方式

传统的信息发布方式无非车载广播、网站等，这类方式不可能在短期内消失，但是就其便捷程度来说，已经不能满足用户的全部需求，在移动互联网的作用下，手机 App 和动态导航更受人们青睐，必定会成为主流。

从目前的发展状况来看，我国互联网技术飞速发展，“互联网 +”在形态、技术及涉及领域等方面取得了长足的发展，为“互联网 + 便捷交通”的发展打下了坚实的基础。

交通的“互联网 +”趋势已经成为交通领域的未来发展大势，我们要做的就是顺应这股潮流，并借互联网高速发展的态势进一步推进互联网与城市交通的融合，促进其纵深发展，打造真正的智慧交通城市，并推进其向产业化转变。

通过对交通大数据的整合、管理以及分析，交通部门能够统筹管理各个领域的交通状况，融合跨领域信息，科学安排各项交通工作，提高工作效率，简化工作流程。此外，还能够及时预测未来可能出现的事件、事故等，避免不必要的损失，为整个社会机制的运转增添一层有力的保障。

### 3.1.2 "互联网 + 城市交通"的表现形式

今天，人们正享受着智能交通带来的出行便利：遍布街道的摄像头、电子卡口和电子警察系统等，不仅规范着交通秩序、维护着城市安全，也产生了大量的城市交通数据信息。深度挖掘和有效利用这些信息，能够为交通管理带来极大便利，从而进一步优化利用交通工具和道路，减少交通资源的闲置浪费。

随着"互联网 +"时代的到来，大数据、云计算等先进技术不仅被人们熟知，也逐渐被应用到人们生产生活的各个领域。在智能交通方面，分析、挖掘大数据信息，有利于实现车、路、人之间的精准连接与整合，从而为人们提供更智能、精准和人性化的交通服务，优化人们的出行体验。

同时，大数据技术的应用也增强了交通管理部门的信息收集、分析、整合能力，使他们对车辆、道路等交通资源进行更优化的配置和更高效的利用，大大提高了交通管理能力，也增强了决策的科学性和效果。

在交通领域，"互联网 + 交通"推动了智能交通时代的到来。借助互联网大数据技术，交通领域不论是从管理还是服务层面，都进入了"线上合理分配资源、线下高效优质运行"的智能化、精准化和人性化状态，大大提高了交通管理和资源利用效率，也极大优化了人们的日常出行体验。

其实，通过线上服务优化人们的交通出行体验的模式，几年之前就已经出现。例如，铁路部门推出的 12306 网上购票服务，让人们不必去实体售票点，在线上渠道就可购买火车票。民航领域的网络订票渠道开通得更早，而且现在还提供手机 App 实时购票、查询航班动态等服务。

同样，公路部门也在积极融合互联网服务，大力推进高速公路 ETC（Electronic Toll Collection，电子不停车收费系统）的发展，从而提高效率，优化服务。另外，人们在城市中的日常出行，也越来越依赖导航系统、打车软件等互联网服务。

互联网与交通领域的深度融合，特别是互联网大数据技术的应用，重塑了传统的出行方式，提高了交通管理效率，推动了智能交通时代的到来。

具体来看，“互联网 + 交通”的表现形式，如图 3-1 所示。

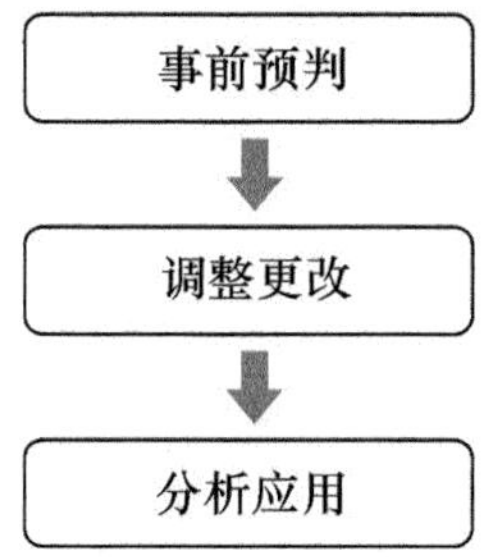


图 3-1 “互联网 + 交通”的三大表现形式

◆ **事前预判**

在日常出行中，人们经常会碰到一些令人烦恼的事情，如飞机或火车晚点、高速公路上堵车等。这不但破坏了人们的出行体验，也打乱了人们的原有规划。特别是在我国这样一个人口众多、交通压力巨大的国家，晚点、拥堵等情况更是非常普遍，成为我国交通出行首先要解决的问题。

智能交通的发展，特别是互联网大数据技术的应用，为上述问题提供了有效的解决方案，能够大大提高交通系统的管理效率，提升人们的出行体验。

例如，智能交通能够提高人们在交通拥堵时段出行的计划性、可靠性和安全性。通过查看智能交通系统中他人的出行信息和数据，人们可以预判哪个时段会出现严重拥堵的情况，从而合理安排自己的出行时间，避开高峰时段。

同时，即便某个必经路线的拥堵状况无法避免，出行者也可以借助智能交通的大数据信息和相关技术手段，查看以往同一时段该路线的交通状况，并根据这些信息，预估自己可能需要的时间，提高出行的可控性。智能交通系统还能有效提高人们出行的安全性，如自动驾驶功能、自动避让和紧急制动功能等。

总体来看，"互联网+"对智能交通的推动，最主要的是让大数据信息技术融入智能交通领域的应用发展，从而提高智能交通对相关信息的收集、分析、整合能力，充分挖掘大数据信息的巨大价值，并通过传输分享这些数据信息，增强整体交通系统和个人出行的应变能力。

具体而言，大数据技术帮助人们从"事后检索"转为"事前预判"，从而大大提高了管理效率，有效规避了可能发生的风险。

海康威视是我国领先的监控产品供应商，能够为人们提供优质的视频处理和分析服务。其基于大数据库的云计算搜索技术，可以帮助人们像使用百度搜索一样，快速、方便地找到需要的内容。

例如，针对某个系列案件，警方不再仅依赖案发地点附近的监控录像寻找嫌疑人，而是可以将犯罪分子的面部图像、作案车辆等图片信息，放入海康威视的大数据库中进行检索、对比和分析，从而找出犯罪分子的作案特点，提前布控，有效阻止新的犯罪行为发生。

另外，大数据技术也提高了交通系统的反应速度，做到了"秒级响应"，从而增强了相关部门的管理能力。例如，通过在城市电子卡口系统运用大数据技术，管理部门能够在几秒甚至零点几秒的时间内，从不断更新的海量车辆记录中快速搜索到需要的信息，进而实现对套牌车辆、交通流量、事故多发时段和地点等内容的快速分析、反应和预判，提升并增强交通管理效率和效果。

### ◆调整更改

对城市管理者和交管部门来说，“互联网 + 交通”的智能技术，能够有效增强他们对数据信息的获取和利用能力，从而为交通管理和相关决策提供更加精准的大数据信息，提高管理决策的科学性、有效性。

在城市的发展过程中，许多道路的交通承载力已经滞后于不断变化的周边情况，也无法满足新的出行需求。这就需要重新规划设计道路，以便更好地适应城市发展，优化人们的出行体验。

这时，就可以借助智能交通技术，通过道路上的电子警察系统、卡口、视频检测器等收集相关的交通信息和数据，如车流量数据、道路拥堵情况、交通高峰时段等，从而为重新规划道路及选择不同的设计方案，提供更加科学、精准的数据信息：道路的交通承载力需要提升多少，才能满足人们的需求？是将道路改建成潮汐车道，还是可变车道？

例如，通过智能交通技术，可以更加合理地设置不同道路的红绿灯时间比，提高道路的通行效率。一般情况下，信号控制系统是按照固定的时间比例转换红绿灯的，并不能根据真实的车流状况及时调整。

如果在控制系统的前端信号机中安置车辆检板，或者通过视频检测器实时反馈道路上的车流量、占有率、车速及排队长度等信息，那么就可以根据某个区域具体的交通情况，及时调整对应的红绿灯时间比，极大地提高道路的通行效率。

同时，这些反馈的道路通行数据，还能作为相应区域信号灯重新配时的重要依据，从而调整该区域的通行状况。另外，对不同道路区域交通数据信息的采集、共享和整合，也有利于交管部门对城市整体的交通状况进行管理协调，为缓解交通拥堵、改善道路通行状况提供精准的数据支持。

◆分析应用

互联网大数据技术对城市智能交通的构建发展具有至关重要的作用。通过对交通出行大数据信息的采集、分析、挖掘与整合，既可以找出城市交通状况与重要事件特别是突发性事件的关联，从而做好预防工作，有效缓解由重大事件造成的交通压力，又能够从相关的大数据信息中获取和分析居民的出行习惯、路径偏好等内容，从而提升第三方平台服务的精准性和有效性，推动现代交通服务业以及衍生产业的发展。

另外，通过对不同城市交通信息大数据的共享、整合，还可以分析出不同城市之间的联系强度、人口流动方向等内容，从而为城市的对外交通规划提供重要参考。

例如，交通管理、治安侦查等部门可以通过对智能交通综合管理平台中的大数据信息进行挖掘、分析、判断，获取众多有价值的数据和信息，从而为相关判断和行动提供重要的参考和依据。

在刑侦稽查中，车辆行驶轨迹常常是识别目标的重要依据。在智能交通综合管理平台中输入关注车辆的号牌，选定关注的时间段，就能够获得该车辆在对应时间段中的所有行驶轨迹，并在平台的电子地图中形象地展示出来，从而为刑侦分析提供重要的参考。

在城市机动车辆爆发式增长的情况下，仅靠传统的技术手段，往往很难及时、有效地辨识车牌号的真伪或者是否使用套牌。而智能交通综合管控平台的车牌识别技术以及相关的套牌分析模型，能够将选定的车辆与平台大数据库中的车辆信息（车牌号、车身颜色、车辆类型、出现时间等）进行对比分析，从而快速、高效地检查出违规车辆，极大地提高了车辆管控效率。

同时，通过卡口、电子警察系统等智能交通设备获取的车辆数据信息，也能够帮助治安监控部门及时找到初次入城的外来车辆，并对可疑的车辆进行实时监管，从而有效打击外地车辆的流窜作案行为。

另外，大数据技术也能够帮助交管部门更好地保障城市交通安全、维护良好的交通秩序。特别是在城市交通日益复杂多变而相关警力有限的情况下，智能交通技术更为重要。

借助智能交通综合管控平台中的大数据信息，交管部门能够对城市中不同区域的交通状况进行排序，找到交通违法的高发区域和时段，从而为合理配置、调动警力提供重要的参考，极大地增强交通管理能力，提高对交通违法行为和交通事故等的处理效率。

### 3.1.3 “互联网 + 城市交通”的核心本质

我们针对“互联网 + 城市交通”的具体含义，以及其对大众生活的切实影响，从“资源公有化”和“数据公有化”两个维度进行分析，如图 3-2 所示。

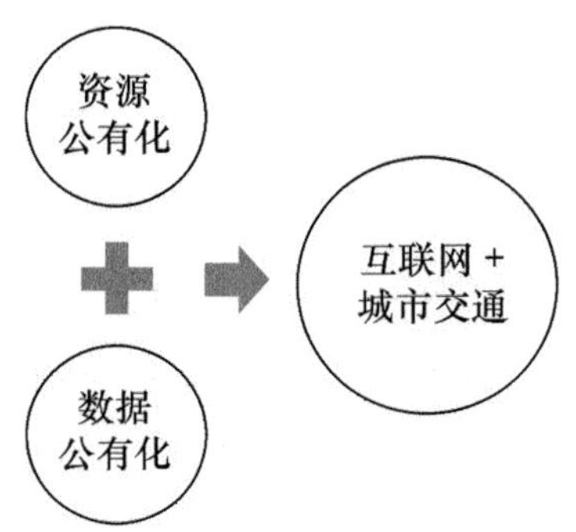


图 3-2 “互联网 + 城市交通”的本质

◆资源公有化

当下，打车、拼车等各种软件越来越流行，其之所以受欢迎，无非切中了人们的出行痛点，充分开发了闲置资源的利用价值，极大地提高了出行的效率。

在打车软件出现之前，“打车难”逐渐成为一个社会关注度极高的问题。为了避免打车难的尴尬，很多人选择驾驶私家车，这样一来交通拥堵更加严重，出行难度进一步增加，如此就形成了恶性循环。

打车、拼车等软件的出现，使乘客打到车的概率更高，靠的是算法而不是运气，这样也有助于相关部门统计数据，在高峰期合理分流。此外，这类软件解决了私家车资源与交通之间的矛盾，其同私家车的对接使“个人资源”变为“公共资源”。因此，打车软件的出现提高了司机与乘客之间的对接成功率，充分利用了闲置资源，扩大了个人资源价值的实现范围，在为人们出行提供便利的同时也没有额外增加交通负担，因此更易形成良性循环。

供需的重构是促使“互联网 +”落地的关键。非互联网领域逐渐与互联网对接和融合，不仅可以利用互联网手段提高过程中的效率，更重要的是在供需两侧同时增量。在供给端，可以挖掘资源的多重价值，充分利用闲置资源；在需求端，则是利用新型手段构建新型消费场景，这样无意中为满足需求的实现提供了多样化途径。在供需的通力合作下，共享经济便形成了。

不可否认，尽管“互联网 + 交通”的模式给出行带来极大便利，但是其施行并不是一帆风顺的。互联网本身具有较大的自由性，由此“互联网 + 交通”也存在监管困难的问题。例如，之前阿里巴巴和腾讯的“打车软件大战”便引起了专家和消费者的争议。当然，如果今后监管的力度能够跟上，打车软件依旧是优化社会资源、解决出行难题的一剂良药。

### ◆数据公有化

互联网对城市的交通资源进行优化重组，这对整个城市的资源管理来说无疑是有效的自上而下的管理方式。此外，还有一种自上而下的管理方式是交通支队、交通电台等地方公共服务机构通过收集互联网及时反馈的数据，再根据自身的职能特点对这些数据有效利用，准确高效地解决各种交通问题，但这种方式主要发生于与大众存在一定距离的数据链后端，因此其影响是潜移默化的，基本不会被大众注意到。

2015 年 4 月，高德发布“高德交通信息公共服务平台”。这一平台以“高德交通大数据云”为主要依托，能够及时为交通机构反馈各种路面状况以及交通信息，如城市主要拥堵点、交通事故、主要商圈的路况等，并对相关问题进行智能排查。

该平台发布后，北京交通广播率先使用，使听众能够及时收听到路况信息，了解拥堵地点，根据自身实际情况规避拥堵路段，极大地提高了出行效率。此外，听众还可以收听到热点路段的疑似事故预测，疑似点周围的听众可以通过高德地图客户端上传照片和语音等信息进行验证。这样一来不但实现了数据的及时流动，提高了数据利用效率，而且极大地提高了信息的准确度。

目前，高德交通信息公共服务已经陆续向北京、广州、深圳、天津等 8 个城市的交通媒体以及交通管理部门开放。通过高德数据信息的共享，我们不难发现，其利用的也是资源的公众化，只不过它把资源转化成了数据。

由此，我们可以看出，“互联网 + 城市交通”的方式，不仅是对原有交通体系的颠覆，也是对公共资源进行结构优化升级、提高分配效率。除了利用密切贴近公众生活的交通电台之外，政府部门还可以充分利用数据，如交通部门通过数据分析酌情进行交通项目规划、交警出勤，能更加有效地配置警力等。

总之，“互联网 + 城市交通”的本质就是资源公有化和数据公有化的有效结合，只有当这两个维度真正实现了私有向公有的转变，“互联网 +”才能体现其真正的价值，城市的交通现状也会得到有效改善。正如人与人之间的互相帮助能达到事半功倍的效果，资源和数据的共享也会起到“1+1>2”的作用，“共享经济”最大的价值正在于此。

### 3.1.4 “互联网 + 城市交通”的现实应用

如今，互联网已经加速应用到了社会经济和生活的各个领域，并产生了广泛、深刻的影响。就交通领域而言，已经有多个城市进行了“互联网 + 城市交通”的转型升级，加快推进了城市智能交通系统的发展与完善，增强了城市交通的管控能力。

杭州市建立了“一个中心、三个系统”（交通指挥中心、交通管理信息系统、交通控制系统和交通工程类信息系统）的城市交通管控模式，通过不同部门的协同合作，增强对城市交通的管控能力和对突发事件的反应处理能力。

例如，如何以有限的警力应对日益复杂多变的城市交通状况，一直是各个城市探索的重要内容之一。对此，杭州市借助智能交通技术，实行集中调度指挥和信息预判制度。根据智能交通综合管控平台中的大数据信息，在交通压力较大或者突发事件较多的地区，进行分级预警和干预，提高警力使用效率，有效解决了上下班高峰和节假日期间的交通拥堵和安全问题。

具体来讲，杭州市交警支队将传统的路面巡逻执勤模式，转变为包含交警支队视频作战室、交警大队分指挥室和交警中队数字勤务室的三级指挥系统模式。通过智能交通综合管控平台，对各地域的实时路况进行即时监控与反馈，将“桌面”变成“路面”，实现对不同地域交通情况的预判和线上线下的即时联动，大大提高了警力调配效率，增强了对交通拥堵和突发事件的反应处理能力，更好地保障了城市交通的安全、畅通和有序。

在天津，“互联网＋城市交通”是其构建智慧城市、推进智慧出行的重要内容。通过对数字化交通管控系统、大数据分析平台、移动互联网等内容的构建整合，天津市将实现人、路、车辆、信息、服务等多方面的即时连接和高效匹配，打造集航空、铁路、出租车、公交车、私家车等多种出行方式于一体的综合性交通服务平台，从而优化人们的出行体验，塑造新的城市生态系，真正实现智慧出行。

在天津市“互联网＋城市交通”模式的战略构想中，将主要通过“两个系统”和“两个平台”的构建推动新型智能交通系统的建设。

“两个系统”即交通指挥调度系统和交通信息服务系统，前者能提高交管部门对交通拥堵和突发事件的处理效率，后者有利于实现不同管理部门间的信息共享，从而为市民提供更优质的出行和生活服务。“两个平台”是指大数据处理平台和设备运行维护管理平台，它们能够为智能交通系统的运行提供更加精确的数据支持和运行管理保障。

在更为具体的层面，天津市将对城市交通系统中的各个层面进行电子化、信息化的升级改造，全面推进“智能交通”服务体系的建设。例如，将传统公交站牌升级为电子站牌、提供公交信息实时查询服务、建设移动支付和统一结算平台、完善城市车联网系统平台、实现车辆和路况的智能识别，等等。

当前，我国城市交通面临着诸多问题，特别是随着城镇化进程的加快以及城市车辆的爆发式增长，城市交通拥堵严重、交通事故频发、环境污染加剧，严重影响了人们的日常生活和出行体验。

"互联网 +"时代的到来，为我国的城市发展带来了新的契机。"互联网 + 交通"的深度融合，推动我国在老城改造和新城建设中更好地构建城市智能交通系统，从而有效解决当前城市发展面临的各种出行问题，实现生态城市、智慧城市的发展目标。

简单来看，"互联网 + 城市交通"的发展有以下趋势。

（1）借助大数据技术，增强城市公共交通系统的服务能力，打造生态、便捷、经济的公共交通服务系统，培养居民借助公共交通出行的习惯，减少私车数量，缓解交通压力。

（2）借助智能交通技术手段，增强相关部门的管理能力，建立线上线下即时有效的联动机制，优化配置各种道路资源，提高城市道路系统的整体利用效率。

（3）借助先进的互联网技术手段，如交通信号、交通诱导和交通违法自动识别等系统，实现对车辆通行、违规行车、车辆停驶等方面的有效管理，打造更加顺畅、安全和有序的城市交通系统。

## 3.2 "互联网 + 便捷交通"：开启智能出行新模式

### 3.2.1 "互联网 + 便捷交通"的 4 种模式

"互联网 + 便捷交通"是将互联网产业与传统的交通出行相融合，运用大数据、云计算、物联网等先进技术，优化资源配置，打造"线下高效稳定通行，线上流量合理分配"的新型互联网交通出行业态，从而为广大消费者提供方便快捷的出行解决方案。

近年来，国内交通出行领域开始出现"互联网 + 便捷交通"模式，概括起来不外乎以下 4 种，如图 3-3 所示。

◆ 打车模式

打车模式利用移动互联网技术，消费者通过移动终端在线下单，司机结合自己的位置选择合适的订单，从而有效对接出行需求与出租车资源。打车模式最为典型的代表便是滴滴出行，它有效节约了司机与乘客的时间，降低了空载率，得到了广大司机与消费者的认可。

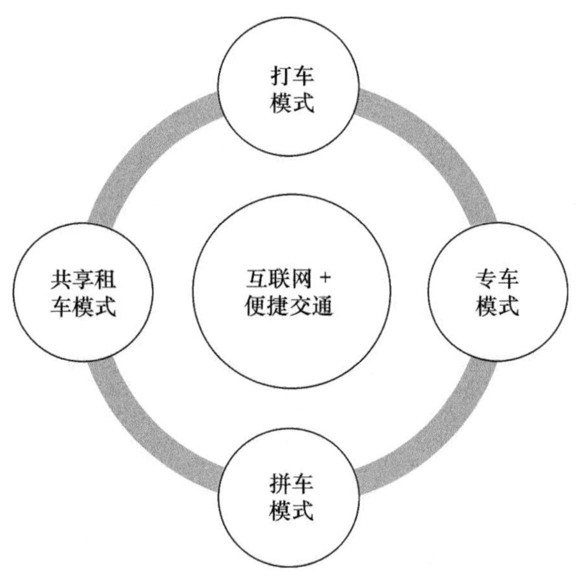


图 3-3 “互联网+便捷交通”的 4 种模式

◆ 专车模式

专车模式整合了私家车资源与传统租赁汽车资源，用户在移动终端在线下单，专车司机负责接单。这种模式最为显著的特点在于汽车较为高端、服务质量高、费用较高，能够充分满足用户高端出行的需求。UBER、滴滴专车是专车模式的典型代表。

◆ 拼车模式

拼车模式整合了私家车资源，通过移动终端用户与私家车车主达成合作出行"协议"，双方共同分担出行成本。拼车模式的车辆主要是经济车型，乘车费用相对较低，用户只需要支付合理的油耗费用、过桥费用等出行成本。它主要满足了城市职场人员上下班的乘车需求，滴滴顺风车、嘀嗒拼车、天天用车是拼车模式的典型代表。

◆共享租车模式

共享租车模式有效利用了大量闲置的私家车资源，通过第三方服务商提供的在线交流平台，车主与用户在线上达成车辆租赁交易，用户可以获得汽车的使用权，而车主能获得数量可观的租金收益。这一模式通过对供需双方的有效对接，实现了资源的有效配置。PP 租车、宝驾租车、凹凸租车是共享租车模式的典型代表。

共享租车模式是共享经济在租车出行领域的延伸，它颠覆了传统的产权模式，将车辆的使用权与拥有权有效分离。它通过车辆共享，减少了浪费资源，有效提升了闲置资源的利用率，为缓解城市交通拥堵问题提供了一种有效的解决方案。

4 种互联网交通出行模式的相同点在于，它们都是通过移动互联网、大数据、云计算技术，实现了信息的实时交互，使大量的出行资源能够对接消费者的需求，从而形成了一个多方共赢的局面。从某种角度上说，"互联网 +"所创造的主要价值就是实现了人类社会各个领域的有效连接。

同样，这 4 种互联网交通出行模式也存在以下几个方面的差异。

（1）整合的汽车资源有明显区别。打车模式提升了传统出租车资源的利用率；专车模式提升了私家车资源以及传统租赁汽车资源的利用率；拼车模式与共享租车模式提升了私家车资源的利用率。

（2）性质存在明显差异。打车模式只是通过移动互联网提升了用户与出租车司机的连接效率，没有涉及传统出租车商业模式的变化；专车模式与拼车模式拓展了出行市场，使更多的私家车主能够参与进来，创造了更大的价值；共享租车模式颠覆了传统产权模式，迎合了共享经济时代拥有权与使用权分离的时代特征。

工业 4.0 时代，人们的出行将朝着智能化及自动化的方向发展。以谷歌为代表的科技领军企业正在大力研发全自动无人驾驶汽车，可以预见的是，人们的交通出行必将因此发生巨大的改变。

### 3.2.2 “互联网 + 便捷交通”的战略意义

互联网交通出行模式的出现，改变了人类近百年的传统出行方式，更引发了传统出租车管理体制的变革，因此受到了各个国家的广泛关注。未来，它在提升人们的生活质量、推动国民经济发展等方面的优势将完美体现，“互联网 + 便捷交通”有 4 个战略意义，如图 3-4 所示。

| 其一 | 其二 | 其三 | 其四 |
|---|---|---|---|
| 满足了多元化及个性化的市场需求 | 实现了资源的高效合理配置 | 细分了出行市场，实现了经济增量 | 为实现“大众创业、万众创新”提供可能 |

图 3-4 “互联网 + 便捷交通”的战略意义

◆ 满足了多元化及个性化的市场需求

近年来，人们对传统出行模式较为不满，打车难、体验差、性价比低等问题严重制约了出行市场的发展。而“互联网 + 便捷交通”模式的出现，充分满足了人们个性化以及差异化的出行需求。有商务需求的消费者可以选择专车模式；追求经济实用的消费者可以选择拼车模式；喜爱出行旅游的消费者可以选择共享租车模式。

◆实现了资源的高效合理配置

移动互联网、大数据及云计算等技术的运用，使用户出行路线、价格策略、车辆匹配等得到优化，通过商家提供的交流平台，人们的出行需求与市场供给能有效对接，从而使市场的资源配置更加高效。

"互联网 + 便捷交通"的运营模式实现了传统出租车资源与用户需求的有效连接，有效解决了困扰人们出行的打车难、出租车空载率高等问题。另外，更多的私家车能够参与到出行领域的价值创造过程中，大幅提升了私家车资源的有效利用率。

◆细分了出行市场，实现了经济增量

专车、拼车、共享租车等新业态的出现，使出行市场更加细分化，拓展了出行产业链的深度及广度。此外，更多元化的出行模式，提升了用户乘车出行的比例，带动了整个出行市场的消费增长，为国民经济的发展注入了新的活力。

◆为实现"大众创业、万众创新"提供可能

在"互联网 + 便捷交通"模式中，各种新业态的用车平台不断出现，正体现了移动互联网时代共享经济的崛起。共享经济模式的出现，顺应了市场经济的发展潮流，它对人们思维模式的深刻变革，将会为"大创创业、万众创新"的实现打下坚实的基础。

### 3.2.3 "互联网 + 便捷交通"的四大趋势

◆"互联网 + 便捷交通"产业格局基本确定

经过各大平台几年的激烈竞争，"互联网 + 便捷交通"的产业格局已基本成形，未来市场的竞争将围绕几大资本巨头展开。腾讯投资的滴滴打车与阿里巴巴投资的快的打车原本是最大的竞争对手，谁又能想到二者会在 2015 年 2 月宣布合并，这宣告了在互联网打车市场中，一个超级“巨无霸”诞生了。

作为 BAT 三巨头之一的百度也不甘落后，在入股以 51 用车、易道用车为代表的国内用车平台的同时，也与强势进入中国市场的 UBER 展开战略合作，争取在“互联网 + 便捷交通”领域夺得领先优势。

事实告诉我们，在“互联网 +”时代，以技术为核心的产品及业务模式最终会形成几家独大的局面。“互联网 + 便捷交通”模式自然也摆脱不了这一命运。只有快速抢占市场份额并实现长期稳定增长的企业，才能拥有绝对的话语权，而这一切的背后是靠庞大的资金作为支撑，融资能力不足的中小企业在这场资本游戏中很难生存。

### ◆新兴商业模式与旧有制度形态之争愈演愈烈

打破了原有利益格局的“互联网 + 便捷交通”模式，在国内的发展遭遇了诸多难题。但是这种顺应时代发展、满足用户个性化及多元化需求的新型商业模式，对原有的传统出租车市场格局产生了巨大的影响。

交通运输部对针对移动互联网与传统运输行业的结合给出了明确的指示，未来将鼓励广大企业在这一领域创新发展，全力建设“大众创业、万众创新”的新平台，引导企业拓展细分市场，打造多层次、个性化的服务体系。

2015 年 5 月，浙江义乌公布了《出租汽车行业改革工作方案》，从 2018 年开始逐步开放出租汽车市场准入以及出租汽车数量控制，优化出租汽车市场的资源配置。此外，还支持并引导线上约租车平台，使移动互联网在与出租车行业的深度融合中，为经济的发展做出巨大的贡献。

**◆现实需求对规范构建形成倒逼之势，相应法律、政策不断完善**

政府需要尝试对相关的政策及法律进行调整，从而更好地满足人们的生活需求，为出行市场的健康、稳定发展扫清障碍。让国内"互联网+便捷交通"模式的企业大受鼓舞的是，无论是中央还是地方，都在积极探索、尝试突破。交通运输部对专车模式给予了充分的肯定，表示这一模式在满足多元化、差异化、高品质的运输需求方面具有积极的作用。

**◆平台安全保障措施不断加强，行业内生规则明显**

2015年3月，合并后的滴滴与快的为了规范互联网专车运营模式，共同发布了《互联网专车服务管理及乘客安全保障标准》，从多个方面对互联网专车进行管理，充分保证用户安全舒适的乘车体验。

（1）对专车司机以及运营车辆进行严格的把关。专车司机要经过层层考核，设定笔试、面试、培训等多个考核环节，考核通过后司机才能上岗；运营车辆将进行严格的审查，决不允许不符合标准的车辆进入专车市场。

（2）应用LBS技术对运营车辆的实时动态进行监管，从用户下单到最终交易完成都将受到保护。此外，还将对司机的服务记录、驾驶路线、驾驶时间、服务态度等进行有效监管。

（3）通过线上平台建立完善的乘客与司机双向评价体系。

（4）建立先行赔付保障机制。通过成立专项基金，与保险机构合作，在发生意外事故后，由专项基金先行给予赔偿，从而充分保护司机与乘客的合法权益。

（5）充分保障用户信息安全，引入更先进的技术，有效规避用户数据泄露的风险。

在政府部门尚未给出明确的规范之前，总结行业发展中的经验后制定的这些规则，将在"互联网+便捷交通"领域发挥巨大的作用，并为政府部门的政策制定提供有价值的参考。

### 3.2.4 “互联网 + 便捷交通”的对策建议

**◆要发挥市场在资源配置中的决定性作用**

“互联网 + 便捷交通”模式的出现，为国内的出行市场发展带来了重大机遇。政府部门应该在有序推进的基础上，积极推进传统出行领域的变革，为互联网交通出行模式新业态的发展营造良好的环境，逐渐形成由市场调节的出行领域准入与退出机制，使市场在资源配置中的决定性作用得到完美的体现。

**◆建立科学合理的平台责任制度**

各大用车平台作为实现“互联网 + 便捷交通”的有效载体，必须在为自己创造价值的基础上承担一定的义务与责任。在平台运营中，各大平台要认真履行以下 3 个方面的义务。

（1）审查义务。平台必须建立完善的内部规章制度，对司机与运营车辆进行严格的审查，从源头上有效避免一些意外事故的发生。

（2）协调义务。在发生意外情况时，平台要敢于担当，充分发挥自己的资源优势，推动各方进行交流沟通，协助有关部门明确各方的责任，并竭力做好后续服务，使各方的损失降至最低。

（3）配合义务。在出现交通事故时，平台要对用户负责，为用户提供必要的相关信息，从而充分保障用户的合法权益。另外，在相关部门进行调查时，平台应该密切配合，给予有效的帮助。

**◆与传统出行模式共生共存**

规模如此庞大的国内出行市场，无论是传统出行模式，还是新兴的

"互联网 + 便捷交通"模式，都无法满足当前人们日益多元化及差异化的出行需求。因此，这两种模式在国内市场中都存在广阔的生存空间，二者可以在合作与竞争中找到利益的平衡点，从而通过为消费者提供更为优质、高效的出行解决方案，形成多方共赢的局面。

我们应该学习并借鉴互联网在其他领域的发展经验，厘清传统出行模式与"互联网 + 便捷交通"模式的关系，将"互联网 + 便捷交通"这一新兴业态定位为传统出行业态的有效补充，让企业之间形成差异化竞争，引导企业积极拓展出行产业链的细分领域，让企业以优质的服务赢得消费者的尊重与认可，最终推动出行市场健康而稳定地发展。

"互联网 + 便捷交通"模式的出现，为满足人们多元化的出行需求提供了一种有效的解决方案，在提升人们生活质量及推动经济发展方面将发挥巨大的作用。企业要想在这一领域掘金，必须顺应时代的发展潮流，积极拥抱变革，通过创新发展实现各方利益的平衡，最终为企业谋求一条适合自身发展的道路。

## 3.3 "互联网 +"构筑智能交通新生态

### 3.3.1 交通新生态：需求响应式公共交通

随着经济发展水平的提高，人们开始对赖以生存的生活环境提出了更高的要求，为了改善空气质量、缓解交通压力，政府积极倡导人们乘坐公共交通工具出行，将公共交通系统的建设工作推到了一个快速发展的阶段。

而传统公交系统换乘不便、站点规划不合理以及到站时间误差大等问题，对市民的出行造成了极大的不便，这也为新型公共交通系统的出现提供了重要的驱动力量。

在 2018 年全国交通运输工作会议上，交通部党组书记杨传堂在报告中谈道：创新是引领发展的第一动力。建设交通强国，必须向创新要动力，主动适应新形势新变化，加快推进以科技创新为核心的全面创新，广泛开展“大众创业，万众创业”，促进新动能发展壮大，传统动能焕发生机。

于是，在政策的支持下，“互联网 +”在公共交通领域的渗透变得更加顺理成章，并由此诞生了滴滴巴士、考拉巴士、嗒嗒巴士以及官方定制公交等多家互联网巴士，图 3-5 为嗒嗒巴士手机客户端页面。互联网巴士充分发挥了互联网对信息的高效匹配作用，创造了一种“专座直达，为你而开”的新型出行方式，并凭借快捷、廉价、透明以及方便等优势获得了大批市民的青睐。以互联网为核心的新型公共交通生态圈开始初见端倪。

图 3-5　嗒嗒巴士手机客户端页面

公共交通以及交通运输领域正在经历一场深刻的变革，这与互联网移动通信技术的爆发式发展有着密切的关系。互联网与公共交通领域的深度融合为人们带来了一种创新的交通模式——需求响应式公共交通体系（Demand Responsive Transport,DRT），为人们打造了一种全新的出行体验。

要提高公共交通的运营效率，除了改善交通系统达到缩短出行时间以及距离的目的之外，还需要大力推进公共交通系统的建设，鼓励人们选择公共交通工具出行，从而有效缓解道路交通系统的压力，促进交通运输系统的可持续发展。

需求响应式公交作为互联网时代诞生的一种新型公共运输模式，在社会上引起了广泛的讨论和关注。需求响应式公交的最大优势在于公交车辆的运营时间以及路线可以由调度中心根据用户的预订需求进行优化，真正为用户提供了一种定制化的公共出行路线。

从概念上讲，需求响应式公共运输服务是一种以乘客需求为核心的弹性运输服务，打破了路线以及班次的限制，为乘客定制个性化的运输路线，并由运输经营者调配车辆为乘客提供运输服务。

这种公共运输模式不受固定运营路线以及运营时间的限制，以乘客需求为导向，实现了个性化运营，因此这种弹性的运输方式也被称为非定线或柔性公共交通。这种私人订制的公共交通运输服务，是传统公共运输的一种良好补充。

需求响应式交通的出现不仅符合社会智能化、集约化以及节约化的趋势，也满足了人们对个性化以及定制化的需求，定制公交以及定制巴士的运营模式就是一种典型代表，而这种公共交通运输模式的出现也标志着中国的公共交通正式迈入跨越式发展的阶段。

### 3.3.2 "互联网＋"时代的定制公交模式

定制公交和定制巴士充分利用了互联网平台的桥梁作用，与用户实现了连接，从而达成了共享的目的。互联网企业致力于运用开放、平等、合作的用户思维，以用户需求为导向，创造一种极致的出行体验。

与拼车市场上比较火爆的顺风车、嘀嗒拼车等小型拼车服务相比，互联网巴士的拼车费用更低，可乘载的人数更多，可以满足大多数上班族的乘车需求。互联网巴士凭借其舒适的乘车环境、低廉的价格以及便捷的预订方式受到了越来越多上班族的追捧和热爱。

2015年7月8日，在距离本轮融资开启不到两周的时间里，滴滴打车就宣布正式完成了20亿美元的融资，此次融资的金额将广泛覆盖滴滴快的关于出行的六条O2O业务线，其中的互联网巴士业务被看作一个重要的业务单元。

2015年7月16日，滴滴打车推出的“定制巴士”业务在北京和深圳正式上线运营，用户只要关注“滴滴巴士”微信公众号，就可以直接在公众号购票。背靠滴滴快的庞大的用户基数，滴滴巴士在上线运营仅一个月的时间里，就已经开通了500多条线路，平均上座率达到了60%以上，重复乘坐率高达80%，足见定制巴士的火热。

2015年9月10日，滴滴打车正式与宇通客车联手，双方就互联网+公交、新能源巴士、汽车金融、二手巴士处置回购等开展战略合作。

此次双方的合作将会引领“互联网+客车企业”的行业新风尚，也为宇通客车在传统产业方面的优势资源开发和提升提供了重要的驱动力。宇通客车通过与滴滴快的的战略合作，在“互联网+”的转型道路上迈出了重要的一步，同时也为宇通客车在新能源巴士、车联网无人驾驶等客车智能化方面的发展注入了更多的新动力，提高了宇通客车在产业方面的资源优势，并将这种优势更好地应用在了传统客车运营企业的转型中。而互联网巴士模式的出现能够为传统客车运营企业在"互联网+"时代的转型带来更多的机会，同时也可以让用户有机会享受到更便捷、舒适的出行服务。

在宇通客车之前，国内也有其他客车运营企业积极试水"互联网+"。2015年7月，上海申龙客车有限公司、厦门金龙旅行车有限公司与以"互联网+巴士平台"为核心的巴哥租车达成战略合作，前者将以资金、车辆等形式战略入股巴哥租车，并就"互联网+巴士"领域的开发建立统一战线，致力于为用户创造一种高效、便捷、安全以及高品质的巴士出行方式。

客车企业与互联网企业的战略合作，对双方来说都是一件互利共赢的事情。一方面为传统客车运营企业的战略转型创造了有利的条件；另一方面为互联网公司的运营提供了重要的产业资源。对乘客来说，他们也获得了更加便利和快捷的出行方式。国内客车龙头企业在"互联网+"领域的尝试也将进一步推动互联网巴士生态圈的良性扩张。

随着人们对社会可持续发展目标的不懈追求、交通市场个性化需求的日益高涨以及信息技术水平的不断提高，定制化公共交通模式开始在众人的期待以及呼声中如火如荼地开展起来。

### 3.3.3 "互联网+"时代的智能交通产品

随着科技的进一步发展，智能交通系统开始在交通出行领域广泛应用。众多互联网企业及物联网运营商在发现了这一重大的市场机遇后，开始大力研发基于大数据、云计算、物联网及LBS位置服务的智能交通解决方案。

在移动互联网智能交通领域，互联网企业一贯使用的"培养用户、提供产品及服务、价值变现"的商业逻辑仍然适用。现阶段，企业可以提供的移动互联网智能交通产品及服务主要包括出租车、公交车、物流配送及智能停车等，这些产品及服务的创新发展引发了传统交通行业的巨大变革。

以往基于动态交通路况信息的移动互联产品，其大部分数据来自出租车公司提供的浮动车数据，另外一部分数据来自政府部门提供的一些定点采集数据。随着这类产品不断发展，其数据源有了很大程度的创新，企业拥有了既可靠又稳定的数据来源，从而有效减少了企业对其他机构的依赖。

在移动互联网智能交通产品的发展初期，需要政府管理部门及社会组织机构给予充分的支持与引导。想在移动互联网智能交通领域掘金的企业，可以从以下两个方面进行产品研发，如图 3-6 所示。

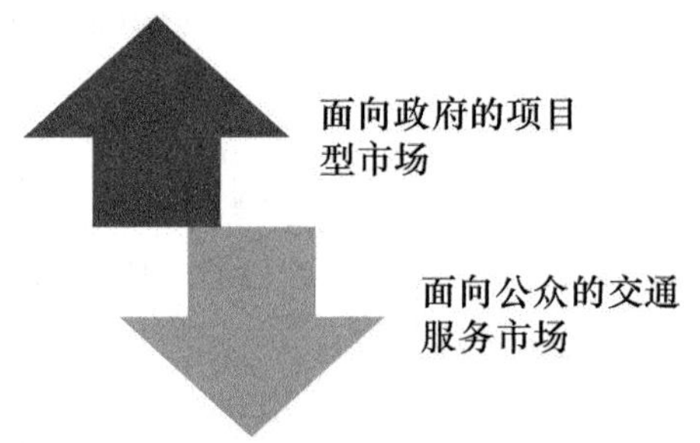


**图 3-6　互联网智能交通产品研发的两大切入点**

（1）面向政府的项目型市场

政府除了要在宏观上调控交通出行行业的发展以外，还要推广自己所掌握的大量实时数据，从而改善人们的生活质量。例如，各个地方政府可以开通微信、微博公众账号，以及能在移动终端上实时查看路况信息的 App 应用等。如果企业能够在这一市场抢占先机，必定会为企业的发展注入源源不断的活力。

（2）面向公众的交通服务市场

传统智能交通企业在这个领域也进行了一系列尝试，但由于多种因素的限制，目前此领域尚无较为成功的企业。传统智能交通企业的客户主要是政府机构，要转变市场定位、生产服务大众的产品，就意味着以往的企业内部运营机制、发展战略及企业文化等需要做出重大调整。此外，由于这种业务存在需要长期投入大量资源、盈利空间尚不清晰等缺陷，导致许多企业选择中途退出。

传统智能交通企业需要在出行服务产品领域进行创新，而作为监管机构的交通运输部门，必须进一步尝试开放相关的数据资源，通过政府部门及企业之间的深度合作，生产出更个性化及定制化的交通信息服务产品。

城市智能交通市场中的交通信号灯、视频监控、电子警察等产品的研发周期较长，技术发展较为缓慢，而且由于众多竞争对手的加入，使产品的利润空间大幅下降。为了提升企业的盈利能力、打造核心竞争优势，避免企业进入产品同质化所导致的恶性价格战，企业需要不断拓展新业务，挖掘更多的潜在价值。

近年来，智能交通产品成为传统智能交通企业关注的一大热点，面向政府部门的移动交通指挥、移动视频监管、远程执法等智能交通产品开始大量涌现。

虽然许多传统智能交通企业已经开始积极发展智能交通产品，但是从实际效果来看，企业研发的应用产品存在缺乏统一的标准、服务范围小、产品功能单一等多种缺陷，严重限制了企业规模的进一步发展。并且这些移动应用产品的消费者几乎是政府部门，服务范围仅限于交通管理领域，缺乏统一的标准使其很难在不同的地区实现快速复制。

国内智能交通企业主要集中于道路监控、高速公路收费及系统集成等领域，其中仅在道路监控行业就有500多家企业，在激烈的市场竞争中，整个智能交通行业的盈利水平普遍较低，不过作为一个能够改善居民生活质量、提升交通出行效率的服务产业，其未来将会有广阔的市场前景。

对于传统的智能交通企业来说，最为关键的是要运用移动互联网思维，在智能交通产品中尝试融入旅游、购物、娱乐等更多的消费元素，在提升用户体验的同时，为企业创造更大的价值。

### 3.3.4 “互联网 + 交通”的未来发展方向

“互联网 + 交通”未来致力于促进互联网的作用在交通领域的进一步发挥，在二者深度融合的基础上促使基础设施、运输工具、运输转接点等环节实现互联网化，利用互联网平台提高交通运输业的管理效率以及精细化程度，从而不断提升行业服务品质，促进其走上科学发展的道路。

**◆提升交通运输行业的服务品质**

（1）政府加快相关法律法规建设，促进交通数据开放，为出行提供信息保障

相关交通主管部门和企业应当进一步提高服务型数据的社会开放程度，为服务信息资源的共享和交流提供开放的环境。允许和鼓励互联网平台为公众提供查询交通线路、交通拥堵情况、公交车到站情况等服务，推动互联网平台与交通出行之间的对接。

（2）加强汽车维修服务、信息统计等服务平台建设，建立完善的汽车健康档案

汽车维修与交通安全息息相关，同时也关系到大气污染、人们的生活质量、人们出行的体验程度等，最终影响到交通业的持续健康发展。因此要维护汽车维修行业的良性竞争，在推动维修信息公开化的基础上，确保维修企业能够公平地享受汽车生产企业所提供的维修信息。

**◆推进交通信息资源在线**

（1）发挥移动物联网的作用，收集交通信息要素资源，在铁路、民航、城市交通等领域推进物联网的示范工作。目前，该工作已经

初见成效，在跨运输方式、跨地域运输等方面取得了不错的效果。

（2）未来要在跨交通工具、跨地域等交通运输上加大投入力度，推动其智能化发展。船舶、航空、公路等不同交通运输路径以及不同地域之间实现信息资源共享，有利于整个综合交通的统筹发展，合理利用多项资源，提高感知灵敏度，督促资源要素在线，为灵活调配与及时预警提供保障。

◆以科学手段治理交通运输

（1）最大限度地发挥大数据在交通运输业的作用，为交通运输设施的建设、规划、维护等提供科学的支持。促进交通运输部门与互联网的深度合作，利用互联网共享平台为交通管理部门搭建大数据共享渠道，从而以此为依据对公众出行的规律和需求、枢纽客流的规模等进行分析，缓解交通压力，优化交通建设，为交通出行的安全、运输管理的科学化提供数据支撑。

（2）管理交通运输的违章行为也需要借助网络信息手段。智能化监控提高了交通管理的效率和科学性，不仅大大减轻了人力压力，而且能够提供24小时服务，建立完善的监管网络，提高交通管理服务水平。

## 3.4 BAT三巨头的城市交通O2O布局

### 3.4.1 城市交通O2O模式的崛起

城市经济在实现飞速发展的同时，也使城市的交通问题日益严峻。出行难在各大中小城市轮番上演，而城市交通O2O的出现和兴起有效缓解了这一问题。一时间，各种打车、拼车以及专车软件铺天盖地地向人们涌来，成为城市中一道亮丽的风景线。

◆推动城市交通 O2O 崛起的因素

城市交通 O2O 之所以能够迅速崛起，我认为可以归结为以下几个原因。

（1）从消费者的角度看

中国的大多数人口主要分布在经济比较发达的一二线城市，因此，在这些城市有着较大的交通市场需求。

随着时代的演进，80 后、90 后逐渐成为城市的主流群体，相对于老一辈，他们更容易接受一些新奇的移动互联网产品，因此当各大出行 O2O 软件展开激烈竞争的时候，80 后、90 后也乐于坐收渔翁之利，而各大出行 O2O 软件也通过不断投入资金在一定程度上培养了用户的消费习惯，开始在人们的生活中发挥日益重要的作用。

（2）从国内司机的角度看

国内司机通过使用各种拼车、打车、代驾等软件，可以为他们带来更多的客户，获得更高的收入，因此他们愿意使用叫车软件抢单，这大大提高了软件的用户活跃度。与此同时，各种叫车软件为了抢占市场份额为司机提供了大量补贴，这对司机来说也是一种诱惑。有的司机为了获得额外的补贴，甚至鼓励消费者通过叫车软件消费，在一定程度上拉动了市场需求的增长。

（3）从技术的角度看

LBS 技术、云计算、大数据等技术的不断发展和成熟，也为各种出行 O2O 软件的日渐完善提供了重要的技术支持。特别是基于地图的 LBS 服务，是支撑出行 O2O 软件的关键技术，高德地图、百度地图、腾讯地图、搜狗地图就这个市场展开了激烈的角逐，从而有效推动了出行 O2O 的发展。

（4）从资本市场的角度看

出行O2O巨大的市场空间以及高频次消费引起了各大投资机构以及BAT的关注，并获得了巨额的资金支持。在投资者看来，以出行O2O为核心的开展生活服务领域的布局具有较大的成长空间以及光明的发展前景。

纵观城市交通O2O中的拼车、打车、代驾、专车、巴士等领域，确实出现了比较优秀的垂直O2O平台，如滴滴出行、UBER、e代驾等，但是在这些垂直O2O平台激烈角逐的背后，巨头扮演了重要的角色。

### ◆ BAT在城市交通O2O的布局

互联网三巨头BAT是怎样在城市交通O2O领域开展布局的呢？

（1）B2C专车领域：滴滴出行推出的"滴滴专车"。

（2）专车领域：百度战略投资UBER。

（3）拼车领域：滴滴出行上线了拼车业务，百度投资了51用车和天天用车，同时上线了百度地图顺风车。

（4）打车领域：阿里巴巴、腾讯通过支持滴滴出行，基本瓜分了整个打车市场。

（5）大巴领域：借助滴滴出行推出的大巴车业务，阿里巴巴、腾讯开启了在大巴领域开疆拓土的战略计划。

（6）代驾领域：2015年7月，酝酿已久的滴滴快的旗下的代驾业务正式上线；腾讯入股的58同城投资了e代驾；此前一直与e代驾存在合作关系的百度地图，在推出的百度地图全新改版中，高调地将开放代驾服务入口提前。

（7）在地图与交通数据领域：阿里巴巴通过收购高德地图，将其占有的全部市场份额掌握在自己手中；腾讯以11.73亿元入股四维图新，占总股本的11.28%；百度旗下的百度地图，其数据一方面是自采，另一方面是源自其收购的长地万方，占据了70%的市场份额。

### 3.4.2 百度对城市交通 O2O 的战略布局

◆ **竞争优势**

在城市交通 O2O 领域的布局中，百度的核心优势就在于百度地图，百度地图拥有 70% 的市场份额，在人们的生活中具有重要的作用，很多用户会使用百度地图进行车载导航以及寻找消费娱乐的地点，因此，百度地图也就理所当然地成为城市交通 O2O 的服务入口。

这种天然的入口优势是微信、支付宝等难以望其项背的。目前，通过百度地图，用户可以享受顺风车、代驾以及专车等出行服务。

除了有百度地图这个天然的入口优势之外，搜索以及百度浏览器也是其强有力的优势。在应用分发渠道上，百度利用百度手机助手、91 助手以及安卓市场抢占了 41.2% 的市场份额，获得了庞大的用户流量，为百度在城市交通 O2O 服务领域的布局奠定了重要的用户基础。

百度凭借其在搜索、百度地图以及百度浏览器等方面的优势积累了大量的数据，通过对大数据的分析，可以更高效地实现智能匹配以及信息推送。城市交通 O2O 的核心问题在于怎样实现司机与用户之间的匹配，如果能够有效解决这一技术问题，那么必定会节省大量的成本，同时也会得到极大的提升效率，为用户提供更加便捷的出行服务。

◆ **竞争劣势**

与腾讯以及阿里巴巴相比，百度在城市交通 O2O 领域的布局时间要稍晚一些，而滴滴快的已经占领了大部分打车市场，百度失去了抢占先机的机会。

尽管从整个城市交通 O2O 的布局来看，百度相对于其他巨头来说更有优势，但是要培养用户形成使用百度地图中出行 O2O 服务的习惯还需要一段时间，因此对百度来说，首要的任务就是要想方设法地吸引以及留住用户，从而将更多的优势握在自己手中。

◆机会

虽然在打车领域，面对滴滴快的的强势扩张，百度无力还击，但是在拼车、专车领域，百度通过投资 UBER、天天用车、51 用车，自营顺风车，与 e 代驾合作等，开辟了属于自己的一片天地。

在大局未定的情况下，百度在城市交通 O2O 领域生态布局的优势为其成功增加了筹码。在城市交通 O2O 领域兴起的代驾、巴士等业务，为百度带来了新机会，未来有可能成为百度业务模块中新的利润增长点。

◆威胁

对百度来说，最大的威胁莫过于由阿里巴巴和腾讯扶持成长起来的滴滴快的平台，目前，也只有滴滴出行以及百度地图有可能成为城市交通 O2O 平台，二者将成为彼此最大的竞争对手。

### 3.4.3 阿里巴巴对城市交通 O2O 的战略布局

◆竞争优势

与腾讯和百度相比，阿里巴巴的核心优势就在于其移动支付模块，并借助快的力量率先迈到了城市交通 O2O 的支付环节上。支付宝作为阿里巴巴旗下强大的移动应用平台，本身就拥有一定规模的用户，为交通 O2O 的布局奠定了重要的用户基础。

阿里巴巴收购的高德地图在国内地图领域排名第二，不仅拥有比较丰富的地图基础数据，也拥有众多与 LBS 相关的资质，同时可以为众多

O2O 出行软件提供重要的地图 API 服务。

◆竞争劣势

在应用分发上，腾讯有应用宝，百度有百度手机助手、91 助手等，相对而言，阿里巴巴在这方面就要稍逊色一些，不能为出行 O2O 导入足够的流量，因此阿里巴巴在城市交通 O2O 的生态布局上面临一些阻碍。

城市交通 O2O 的生态整合，也是阿里巴巴的一个弱势环节。高德地图已经完全舍弃了接入 O2O，将精力集中在了 LBS 地图服务上，这必然会成为阿里巴巴在城市交通 O2O 布局的绊脚石。

◆机会

从滴滴和快的为了抢占打车市场份额而展开的竞争就可以看出，阿里巴巴如果要加固支付宝的地位，就不能放弃布局 O2O。除了打车市场，拼车、专车、顺风车、代驾、租车等也是城市交通 O2O 的组成部分，因此，阿里巴巴加强在城市交通 O2O 领域的生态布局，对于巩固支付宝地位也具有重要的意义。

◆威胁

阿里巴巴在城市交通 O2O 领域发力就是为了巩固支付宝在支付领域的王者地位，因此阿里巴巴最强劲的对手非微信支付莫属。尽管如今滴滴和快的已经合为一家，但事实上两者在支付上仍然是分开的，微信接入的是滴滴，支付宝接入的是快的，也就是说两者仍然存在潜在的竞争关系。除了微信支付对支付宝的威胁之外，未来百度钱包也是撼动支付宝地位的不可忽视的力量。

通过对百度、腾讯和阿里巴巴在城市交通 O2O 的态势分析，可以得出，事关城市交通 O2O 大战胜负的关键因素在于场景化入口。

腾讯以微信作为重要的导入口，阿里巴巴则手握支付宝，两大平台都有一定规模的用户，并且具有较高的用户活跃度，两大平台都拥有一定的用户转化能力，但是场景化的入口还是略逊于地图。腾讯地图以及阿里巴巴收购的高德地图都鲜少接入城市交通领域的出行服务，而百度地图已经推出了专车、顺风车、拼车等具有丰富服务项目的场景化应用，用户的数量以及活跃度也比较高。

未来，百度地图有可能成为在城市交通 O2O 领域最核心的平台之一，甚至有可能称霸整个城市交通 O2O 市场。

### 3.4.4 腾讯对城市交通 O2O 的战略布局

◆ **竞争优势**

很多中小出行 O2O 应用之所以很快在市场上销声匿迹，主要在于其缺乏必要的流量入口的支持。流量入口对出行 O2O 应用的发展具有至关重要的作用。微信作为重要的流量入口，为腾讯支持的滴滴带去了大量的用户，而腾讯入股的 58 同城也拥有一定的用户基础，因此，单从入口上看，腾讯就具有先天优势。

地图是城市交通 O2O 的重要组成部分，没有地图、LBS 等技术的支撑，也就没有城市交通 O2O 的崛起。腾讯通过入股四维图新，掌握了一定的地图数据。腾讯在 2012 年年底推出了街景地图服务，目前已经有 100 多个城市开通了街景图像，城市的街景图像对腾讯在城市交通 O2O 的布局也具有重要的价值。

腾讯的应用宝在国内的应用分发市场上占据了 20% 的份额，为滴滴移动 App 的发展提供了重要的支持。同时，微信、手机 QQ 以及 QQ 浏览器等也可以成为滴滴应用的分发和推广渠道。

◆ 竞争劣势

在城市交通 O2O 的生态布局上，腾讯也存在短板，主要体现在缺乏必要的地图场景。腾讯地图除了为少量的微信用户提供相应的服务之外，没有在市场上培养用户的使用习惯，而且腾讯地图的核心战略是专注于基础地图服务，这也就很难与滴滴联手共建城市交通 O2O 生态闭环。

腾讯意图把微信、滴滴以及 58 同城整合在一起的想法并不现实，毋庸置疑，微信是一个强大的流量入口，但是要将其变成一个城市交通 O2O 生态平台，并充分发挥微信的流量优势，并不是一件容易的事。

◆ 机会

目前，城市交通 O2O 正在进入一个快速发展的阶段，腾讯借助滴滴已经在打车领域拥有了绝对的优势，而腾讯在实力相对比较弱的专车、拼车、代驾和巴士等领域，还没有形成比较成熟的行业格局，腾讯还有机会在这些领域纵横驰骋，与其他巨头一较高下。

◆ 威胁

滴滴与快的的合并，让腾讯和阿里巴巴在出行服务领域成为利益共同体，因此腾讯可以不用忌惮阿里巴巴在城市交通 O2O 领域的布局，而百度在城市交通 O2O 领域的广泛布局将会成为腾讯的威胁之一。

# 第 4 章
# 移动互联网时代的交通运输

## 4.1 交通运输业转型升级的新引擎

### 4.1.1 颠覆 VS 变革：移动互联时代的交通运输

在移动互联网时代，人们的出行方式更加强调多元化及个性化，租车、公交、购票、导航等与人们出行密切相关的领域发生了颠覆性变革。未来，由移动互联网引发的交通运输产业的变革，将深刻影响人们的生活。移动互联网时代交通运输业的五大趋势如图 4-1 所示。

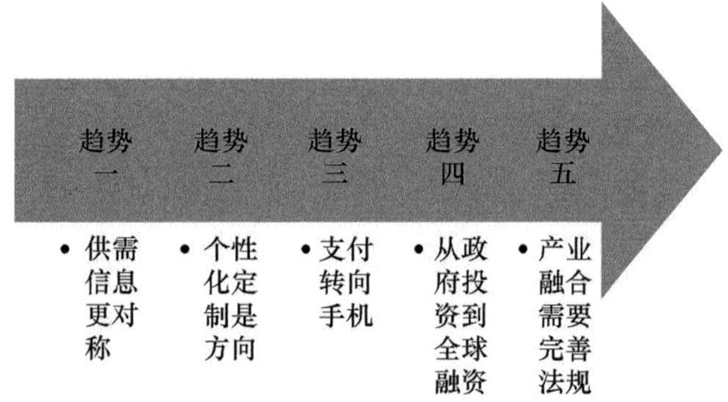


图 4-1 移动互联时代交通运输业的五大趋势

◆供需信息更对称

移动互联网的最大特征，便是打破了以往信息不对称的局面。交通运输领域的信息不对称表现在多个方面，如司机与乘客之间的信息不对称、运货车辆与物流公司之间的信息不对称、快递人员与物流系统之间的信息不对性等。

移动互联网的出现，不仅使信息传递变得十分高效，而且成本几乎可以忽略不计。被长期压制的交通需求得以全面释放，并进一步推动了交通出行模式的创新发展，打车、拼车、专车、代驾、基于 LBS 位置服务的私家车送货等开始在人们的生活及工作中产生巨大的影响。

### ◆个性化定制是方向

开放性、实时性、移动性是移动互联网的几个主要特征，也正是这些特征使交通出行领域的信息服务水平得到了大幅提升。随着人们出行需求的日益个性化与多样化，信息服务更加强调动态交互性、精准性及综合性，企业目前提供的服务已经无法适应这一发展趋势。

随着我国综合运输体系的不断完善，移动互联网在公共交通出行信息服务方面的应用将得到进一步深化。例如，信息数据的实时更新、内容的全面整合、服务的精细化、更具人性化的人机交互等。此外，在移动互联网时代，人们的消费更加个性化，企业对用户进行精细化定位，产品及服务实现定制化生产，这些将成为企业成功的关键所在。

### ◆支付转向手机

在移动互联网时代，以智能手机为代表的移动终端快速普及，使人们的支付方式发生了巨大变革，O2O 交易模式开始成为人们日常生活的一部分。

近年来，移动终端兴起的二维码扫描支付、NFC 近场支付等新型支付技术的崛起，使移动支付在全面推广交通支付体系方面成为可能。

未来，所有的交通运输方式的支付环节，均可由接入移动互联网的智能手机完成，由于手机卡实名制在国内全面实行，这种支付方式将更加安全、可靠。更为关键的是企业可以通过收集用户手机交通数据，为企业制定发展战略及营销推广产品提供有价值的参考。

### ◆从政府投资到全球融资

由于我国现阶段推行的创新重点领域的投融资机制以及鼓励社会投资的政策，未来一段时期内整个交通运输行业投资将保持高位运行，这需要对传统交通运输行业的投融资模式进行创新发展，而移动互联网的崛起引发的投融资模式正迎合了这一需求。

移动互联网出现以后，人们的碎片化时间得到了充分利用，从而推动了移动互联网广告产业的飞速发展。由于移动支付兴起所带来的海量资金，使更多的互联网公司开始加入用户流量入口的争夺中。由于交通运输行业的市场前景巨大，未来，企业开发出的这些入口级应用将成为全球资本界的“宠儿”。

### ◆产业融合需要完善法规

移动互联网与交通运输行业的融合，不仅深刻改变了传统交通运输业的经营模式，也给政府部门对交通运输行业的管理带来了严峻的考验。例如，以共享经济为核心的“专车”模式在许多国家引起巨大争议。以目前的政策制定效率来说，远无法与移动互联网的发展速度及其对传统产业的颠覆能力相匹配，政府部门的管理方式亟须全面转型。

要想加快移动互联网与交通运输产业的融合，政府监管部门应该找到交通运输行业发展的痛点，针对交通运输行业安全、环保、用户体验等主要矛盾，不断优化交通运输行业的发展环境，为其实现跨越式发展扫清政策障碍。

随着交通运输行业相关法律法规不断完善、政府政策密集出台，未来，在公共数据资源实现共享的基础上，得到企业密切配合的政府部门将实现对交通运输行业的跨部门协同管理，最终为我国实现交通运输行业与移动互联网的深度融合找到一条切实可行的发展之路。

### 4.1.2 风口 VS 机遇：传统交通运输业的转型路径

在移动互联网时代，传统产业的转型升级成为一种主流的发展趋势，交通运输业也是如此。我们必须转变思维模式，制定顺应时代发展的转型策略，从而引导交通运输业的转型走向正确的轨道。

**◆以移动互联网引领综合运输服务**

由于我国经济进入了结构性调整阶段，交通运输产业的服务需求也发生了重大变化。政府必须充分掌握交通运输业的发展趋势，通过移动互联网、大数据、云计算等技术的应用，使公路、铁路、水路、航空、管道等运输方式协同配合、互联互通，最终实现综合运输服务转型。

政府引导企业不断深化移动互联网技术应用领域，结合不同运输方式在新时期的优势，研发联程联运等创新型运输产品，优化客运、货运服务流程。通过规模化及集约化管理提升运输效率及运输质量，为广大人民群众提供个性化及多元化的运输服务。

企业要充分发挥移动互联网技术的优势，使综合运输服务水平及服务质量迈向新台阶。提升企业对交通数据信息的自动化收集能力，多方位、全角度地优化出行信息服务体系，使出行信息更加完善；在保证用户信息安全的前提下，加快联网售票系统的建设，使用户能够通过移动终端自助订票、取票、退票等，不断优化用户的出行体验；推进增值服务系统的研发进程，引导企业发展在线下单、货物查询、货物代收等增值服务，充分满足用户的个性化需求。

◆以移动互联网引领产业转型升级

传统道路运输产业运输组织方式要进行转型，以结构性调整化解物流行业小、散、弱难题；在传统综合运输产业中，运输组织模式创新发展，通过有效整合运输资源，使发展较为缓慢的运输方式得到进一步发展。

企业要借助移动互联网对传统产业形态进行创新，发展基于移动互联网技术的客运及货运信息平台，统一移动终端应用标准，整合市场中分散的客货运输资源。

政府部门需要借助移动互联网对产业发展的强大影响力，引导一些创新意识强、集约化程度高、发展前景良好的企业做大做强，发挥其带头作用，形成大规模的交通运输产业基地，实现整个运输行业的转型升级。

◆以移动互联网引领行业治理体系的构建

政府要学会运用互联网思维进行治理创新。以科技创新、制度创新、政策创新等推动交通运输业服务质量与服务水平的提升，完善交通运输行业的治理体系，着力加强治理能力。以移动互联网思维制定交通运输行业的治理策略，明确政府在交通运输行业中扮演的角色，充分发挥市场在资源配置中的决定性作用，搭建更加广阔、自由的企业发展平台。

政府要通过互联网思维加快政府职能的转变。行业监管从以往的集中监管转变为更加灵活的分散监管，从政府为主的事前监管转变为市场为主的事中事后监管。结合时代发展趋势，加快职能转变进程，使行业发展由行政推动向市场引导转变，从依赖行政手段向借助市场、科技、法律等手段转变。

移动互联网在颠覆了传统交通运输产业的同时，也引发了其管理方式的巨大变革，为政府完善管理方式、提高管理效率、更好地服务广大人民群众提供了新的机遇。为此，政府部门需要结合行业发展的实际，通过引入相关人才积极研发线上受理、审批、许可服务平台，提升行政审批效率。

传统交通运输业的转型升级是一项复杂的系统工程。在实践过程中，政府部门不可操之过急、盲目冒进，一方面要在战略上找准交通运输行业发展的切入点，优化顶层设计，制定完善的战略规划；另一方面要在战术上稳扎稳打，不断巩固转型成果，厘清转型思路，向产业转型发起挑战。

### 4.1.3 策略 VS 方向：个性化服务 + 精细化管理

2015 年 4 月，在长沙召开的全国运输服务厅局长研讨班上，如何促进移动互联网与交通运输业的深度融合、在新常态下推进交通运输业的转型升级，成为此次会议的焦点。交通运输部运输司司长刘小明表示，要大力发展互联网产业，通过实施“互联网 +”战略，推动移动互联网等新兴业态的快速发展。以“移动互联网 + 综合运输”为依托的智慧交通（智慧客运、智慧物流），将在要素移动、便捷交互、泛在互联等维度上创造出更大的社会价值。更为关键的是，由此构建的全新的运输服务产业链，将会推动交通运输的效率与质量大幅提升，从而实现运输服务的全面转型。

**◆ 运输服务迈向个性化、精准化**

长期以来，不同的运输方式之间的管理相对独立、各个管理部门之间缺乏有效的协调。但在交通运输需求更为复杂的移动互联网时代，迫切需要通过多种交通运输方式的无缝对接，为人们的运输需求提供智能化的综合运输解决方案。以移动互联网为代表的信息技术与通信技术不断发展，为打破不同交通运输方式之间的连接障碍提供了有效的解决方案，由此引发了运输产业结构的巨大变革，使运输服务的供给能力发生了质的飞跃。

（1）在移动互联网的影响下，运输服务水平不断提升

从客运角度上来看，运输服务日趋个性化及多元化。由于拼车、专车等新型运输服务模式的出现，使消费者的个性化需求得到充分满足。由移动互联网所提供的实时运输信息，使各种运输方式能够密切协调。消费者在尚未出门以前，就可以通过移动终端为自己规划好出行路线和出行方式，提升了出行效率及出行体验。通过手机上的 App 应用，人们可以实时掌握车辆信息，并对运输服务进行评价监督，优化了交通运输业的运营管理。

在物流维度上，基于移动互联网所建立的物流网，实现了货运需求方与供给方之间的无缝对接，使物流商业模式发生了重大转变。例如，货运企业不再依赖单纯的线下推广，而是借助线上与线下结合的方式使企业的服务范围得到有效提升；以移动互联网为基础建立的全国物流货运信息平台，推动了车辆资源与货运资源的有效匹配；一些轻资产平台型创业公司通过移动互联网有效整合了中小散户司机，为企业赢得了足够的话语权。

（2）在移动互联网的影响下，企业经营组织方式得以优化

利用移动互联网技术，整个运输产业资源得到有效整合，产业格局日趋规模化、集约化，企业的组织结构更加多元化，许多小微企业、轻资产企业得到了足够的生存空间。

移动互联网的应用，使企业与货主之间能够实时沟通，为中间环节的各种代理商带来了巨大的冲击。并且，通过移动互联网建立的服务平台使数量众多、种类繁杂、分布散乱的运输资源得到整合，运输服务更加标准化、专业化。

### ◆运输管理需更精细、更智慧

移动互联网使运输行业的管理方式发生了变革，具体表现在以下 4

个方面。

（1）在管理理念维度上，交通运输产业链中依靠信息不对称获取利润的企业将逐渐被淘汰，由于信息不对称而存在的细分领域将会被彻底颠覆。

（2）在管理策略维度上，通过车联网、移动互联网、通信技术等可以实现人、车辆与货物之间的实时交互，这为实施交通精细化管理提供了有效的解决方案；交通运输监管开始向远程监管、实时监管、移动监管、平台监管等方向发展。

（3）在管理方式维度上，移动互联网使传统产业之间的界限被打破，行业之间的跨界融合成为一种主流的发展趋势。例如，专车服务平台的兴起，使出租车行业与汽车租赁行业发生了跨界融合。这种巨大的变革需要我们调整管理方式，从以往的分散型、粗放式管理转变为集约化、精细化管理。

（4）在管理效果维度上，各大移动社交媒体应用平台的兴起，能够让交通运输行业的各个参与方发表评论，从而推动整个运输行业的监管效能大幅提升。

移动互联网的出现也使政府对交通运输行业的监管面临更大的挑战。政府部门不但要管理各种基础应用平台，而且要管理拥有亿级用户流量的开放型应用平台；不但要提升交通运输的服务质量，而且要建立完善的信任体系。尤其是新兴产业与传统产业之间的激烈碰撞，引发了利益集团之间的尖锐矛盾，监管部门必须以更高的智慧、更远的眼光使各方利益集团之间建立起动态平衡。

### 4.1.4　不足 VS 完善：交通运输行业的体制限制

交通智能化程度的提升是“互联网 + 交通”在我国发展的显著成果之一。在互联网的支持下，我国智慧城市的建设以智能交通为切入点，打造集交通信号智能管理、交通指挥与调度、交通信息智能化服务等智能因素为一体的交通管理系统，并成功地应用到北京奥运会及上海世博会中。

此外，ETC（Electroic Toll Collection，电子不停车收费系统）已经应用到高速公路系统中。在公交系统建设方面，交通运输部陆续在37个城市开展试点工作，在公交车上配备监控系统，目前已经能基本满足调度、监控等需求。截至2014年10月，“全国城市“一卡通”互联互通”平台已经有50个城市加入，并收获了不错的反响。

随着互联网对出行模式的干预、出行的多样化程度不断加深，各种第三方出行软件层出不穷。移动互联网与出行相结合产生以下3种主要业态模式：一是利用App进行拼车出行；二是用手机App召车；三是网络预约专车。

这些模式的出现不但为人们的出行提供了便利，还有效利用了社会闲置资源，其中拼车出行通过软件建立人际关系，分摊出行费用，得到了消费者的认可。

虽然“互联网+交通”的步伐在逐渐加快，但是基于交通行业的特殊性，其仍然受到限制，无法加快发展。这种限制主要体现在以下几个方面，如图4-2所示。

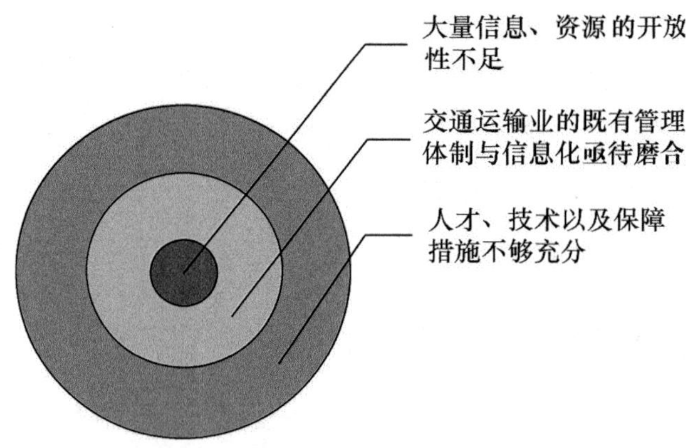


图4-2 交通运输行业的3个限制

### ◆大量信息、资源的开放性不足

由于涉及行业保密规定、部门保密性以及个人隐私等问题，许多数据不能向社会公开。对此，国家应当尽快完善法律法规，把能向社会公开的资源分离，明确哪一部分资源社会公众有知情权。

就目前来看，跨部门之间的信息资源沟通还没有全面实现，虽然有关部门在加紧制定相关政策，但也非短时间内就能完成。毕竟交通行业是我国国民经济的重要组成部分，其信息化发展的方向以及具体操作过程必须得到国家的认可，需要相关政策的保障。

### ◆交通运输业的既有管理体制与信息化亟待磨合

目前，我国交通运输业主要划分模式有以类型垂直划分体系、以地域管辖划分的横向管理体系。前者实际上阻碍了不同行业、不同交通工具之间的信息交流，不利于综合交通统筹式发展。例如，民航和铁路分属于民航局和铁路局，二者之间的信息和资源容易交互不畅。而后者对不同地域之间的信息交流和资源共享造成了阻碍，大数据的优势难以发挥。

此外，交通运输业有着严格的专营制度和牌照管理模式，这也与互联网融合创新的特征不适应，需要进一步磨合。

### ◆人才、技术以及保障措施不够充分

相关领域的专业人才以及新技术也如雨后春笋不断涌现，但真正能够理解“互联网 + 交通”并抓住要点促成传统交通运输业的创新改革的人才和技术储备不足。另外，互联网在线数据流通的安全需要加以保障，否则极易埋下安全隐患。

## 4.2 打车 App：颠覆传统出行模式

### 4.2.1 传统出行的 3 种方式

从全球范围来看，居民的出行方式主要有 3 种，即公共交通出行、出租车和私家车。这 3 种出行方式在出行领域已经形成了比较稳定的格局。而随着经济发展水平的提高，这种稳定的出行格局开始带来两类问题：一是难以完全满足人们的出行需求，二是存在一定的资源浪费。

◆公共交通出行

这种出行方式可以有效地缓解城市的交通压力，因此近年来被各地政府积极倡导。但是这种出行方式在高峰时段相对比较拥挤，而且公共交通线路到达的地方有限。另外，这种出行方式更适用于通勤，老幼等特殊人群还是要谨慎选择。

◆出租车

出租车出行虽然更加方便，但是价格较高，出行成本居高不下，出租车司机也面临疲劳驾驶、油价高、空车率高等问题。而且，出租车行业服务质量低的问题也让民众对出租车出行失去了更多的期待。

◆私家车

家庭收入的增长让越来越多的人成为私家车的拥有者。比较中国和美国近几年乘用车的销量，在过去的几年里，中国乘用车的销量呈现了快速增长的趋势：2017 年，我国汽车产销 2901.54 万辆和 2887.89 万辆，同比增长

3.19%和3.04%，增速比上年同期回落11.27%和10.61%。

随着家庭轿车的逐渐普及，中国每个家庭拥有的轿车数量也得到了提升，汽车的闲置时间也逐步增加。例如，北京市的私家车数量达到了300多万，而行驶在道路上的私家车的上座率很低。

为了缓解城市交通压力，许多城市开展了限号、限行等交通管制，使出行领域的供需矛盾日益严峻，这一矛盾在出租车出行中更为突出。除了公共交通以及私家车之外，出租车承接了居民所有的出行需求，但是随着出租车行业牌照管制的日益严格，许多大城市的出租车数量增长逐渐放缓，并且越来越难以满足日益高涨的乘客需求。

在乘客的出行需求日益高涨、出租车行业难以满足的情况下，市场上开始出现了商务用车和黑车两种模式。

所谓的黑车就是没有获得交通运输管理部门批准而有偿服务实施非法运营的车辆，这些车辆由于没有相关牌照，相关部门难以进行相应管制，安全性不能得到有效保障。而商务用车面向的是小众群体，主要应用于大型酒店，为顾客提供乘车服务。商务用车的司机挂靠在租车公司名下，租车公司会将客源分配给司机。

但是出租车、黑车，再加上商务用车仍然满足不了乘客在公共交通和私家车之外的出行需求。

大量未满足的出行需求以及移动互联网和移动支付的不断发展成熟，为共享经济的成长提供了肥沃的土壤。共享经济在交通出行领域发展迅速，并诞生了私家车预约、出租车预约、私家车顺路搭乘以及P2P租车4种新兴的运营模式。

### 4.2.2 打车App的运营模式

根据调研结果来看，中国用户使用打车App的频率最高，已经逐渐培养起用户的使用习惯。

滴滴打车从出租车领域入手。最初，为了覆盖更多的出租车司机，滴滴打车开展了大规模的地面推广活动，如为智能手机提供安装服务和手机流量服务、与出租车公司合作开展软件推广等。

打车 App 运行的基本模式为，出租车司机与用户需要同时安装打车 App，用户在打车 App 平台上发送用车线路的需求，出租车司机在听到平台播报的路线需求后进行“抢单”，抢单成功后为用户提供运送服务，到达目的地后用户通过手机支付乘车费用。

从打车流程来看，传统的打车模式中乘客和司机存在三大问题。

（1）叫车：在传统的打车模式中，乘客需要在路边搜寻空车，在空闲位置和需求等信息上，与出租车司机存在较大的不对称。

（2）乘车：乘车线路由司机决定，可能会存在绕路和不熟悉路况等问题。

（3）付款：容易出现找零难以及假币的问题。

而打车 App 有效解决了以上三大问题：在叫车环节，是由用户主动发起的路线请求，可以让出租车司机更快地发现周围的乘客，司机同时也可以选择线路，从而降低空车率；在乘车环节，司机在抢单后导航会为司机规划最优的路径；在付款环节上，乘客在到达目的地之后通过移动支付的方式付费，可以有效避免找零和假币的问题。

降低空车率以及规划最优路径对司机来说，具有巨大的吸引力，可以让他们在单位时间里承接更多的客户订单，提高营收。同时，为了帮助乘客在高峰期能顺利叫到车，叫车平台还增加了乘客加价功能，并通过这种功能调整供求，乘客的加价归司机所有，在一定程度上增加了司机的收入。

除公共交通和私家车之外，出租车是最合法并且也是中国居民习惯使用的一种出行方式。以滴滴为代表的打车 App 为出租车司机提供了一个服务平台，可以帮助他们降低空驶率，在单位时间内获得更多的订单。

但是，不管是出租车公司还是出租车司机，打车 App 平台并不直接向他们收取费用。因此，对打车 App 来说，出租车的呼叫功能其实是一种流量 App。在培养用户习惯的阶段，出租车呼叫功能可谓最直接、有效。

在用户形成使用移动互联网叫车的习惯之后，滴滴平台开始将业务延伸至拼车、专车、顺风车等领域，并为其带来了新的利润增长点。

### 4.2.3 专车 / 快车模式

专车或快车的服务模式类似于出租车，乘客通过移动端发出用车信号，附近的车主在接收到信号后会响应。不过，出租车的车辆供给方是出租车公司，而专车或快车服务的车辆供给方是私家车主。尽管快车或专车服务在合法性方面仍然存在很多争议，但不可否认的是，该项服务的确为用户的出行服务提供了极大的便利，并且获得了乘客的广泛好评。

（1）供给方

私家车主利用自己的闲暇时间开展专车服务，不仅获得了额外的收入，而且满足了用户的出行需求，并为用户带来了一种全新的出行体验。各专车平台会根据私家车的类型设置不同的收费标准，比较大众的家用车价格要低于出租车，而高端车以及商务车价格普遍高于出租车。

（2）需求方

一是可以节省一部分出行成本，专车的价格一般要略低于出租车，而且使用专车的成本要低于自己拥有私家车。亿欧网发布的《共享经济深度研究报告》显示：在上海，平均每单专车预约服务的费用为 36 元，而上海年均拥有汽车的成本为 66910 元，也就是说这些钱可以在上海每天享受 5 次私家车预约服务，已经远远超越了大多数用户的用车需求。

二是当乘客有特殊需求时，只要付出更高的价格，就可以享受到奔驰、宝马等豪华车的私家车服务，乘车体验也会得到大大的提升。

（3）付款方式

使用预约出租车服务，可以选择线上支付或者线下支付，而使用专车服务，则需要使用移动支付进行线上支付。这样一来不仅帮助乘客和司机节省了时间，也避免了现金支付可能带来的问题。

专车和快车的出现，为出行领域带来了丰富、多层次的服务体系。乘客可以根据自己的需求选择不同价位的车，如果追求低廉的价格可以选择低价的车，如果为了追求品位以及享受高品质的服务就可以选择高端和商务车。

过去，小型的租车公司掌握着高端车的租车服务，大多数租车公司为了获得更高的收益将提供司机服务的豪华车的价格定在了每天 1500 元以上。由于信息整合能力较差，租车公司不能做到以分钟为单位进行出租，通常会以天为单位出租。

### 4.2.4 顺风车模式

在国外，搭乘顺风车本身就是一件人们习以为常的事情，搭乘顺风车也是很多旅行者在自助游中会选择的一种方式。在欧美，搭乘顺风车没有固定的时间，距离一般为中长途，路边招手即上。而在中国，由于信任等问题，要想保证搭乘安全，需要有一个保障机制进行规范。对车主来说，搭乘的乘客是陌生人，而对乘客来说，车主是陌生人，因此需要有一个针对双方共同的中介平台保障搭乘安全以及提供便利的付费方式。

相对于滴滴打车、UBER 等专车模式，顺风车出行起步略晚一些，但是顺风车将线下私家车的空座位整合在一起，并与乘客需求实现了有效匹配，满足了一部分乘客的出行需求，同时也为共享社区的构建创造了有利的条件。

在顺风车模式下，有搭乘需求的用户需要在顺风车 App 中提前发布自己的乘车需求，并由附近的车主抢单，在抢单成功后，乘客需要先支付费用，并与车主约定好接送的时间和地点，到达目的地后，乘客与车主互相评价即可。

在价格方面，顺风车 App 并不像出租车一样精确到公里数和时间，而是根据车型以及行驶公里的范围给出计费区间。一般情况下，搭乘顺风车的费用是出租车价格的 50% ~ 60%。顺风车主要为大城市通勤人群提供出行服务。尽管乘客支付的费用可能并不能完全覆盖车主的行驶费，但是在油价和养车费用的驱使下，仍然有车主愿意将自己闲置的座位资源出租出去以获得一部分收益。而且随着城市的扩建，通勤时间越来越长。在搭乘顺风车的途中，车主还可以与乘客沟通，从而获得更多的信息资源。

与普通的专车和出租车相比，顺风车 App 在运营机制上有了明显的区分，如虽然在专车平台上也有车主和乘客相互评价的体系，但是由于专车属于高频、短时间的出行行为，而且很多车主运营专车主要是为了盈利，因此专车平台并未将运营评价体系当作重点。而顺风车主通常是在上班或下班途中承接相同方向的订单，并不主要以此为盈利手段，相对于赚钱来讲，他们更愿意搭载一些素质较高的乘客。因而，顺风车平台在搭建的过程中更加注重建设车主与乘客之间的“社区感”。例如，2017 年 6 月，一个名为“星小巴顺风”的拼车平台在广州祈福新村小巴推行，有车的业主在微信公众号上发布行程和可共享的座位数，同一个小区的业主便可购买座位，搭乘顺风车前往上班地点。据介绍，平台试运行仅 1 个月，已发布 200 多条线路，有 200 多名车主加入。为了吸引更多的车主，创造更多新的行车路线，顺风车平台更倾向于保护车主的利益。

一些典型的顺风车 App 运营策略如表 4-1 所示。

**表 4-1 顺风车 App 的运营策略**

| 运营策略 | 策略原因 |
| --- | --- |
| 乘客需要提前 30 分钟预约 | 顺风车车主并非以盈利为目的，而是顺路搭载他人，并不能立即出发接单 |
| 乘客需要在搭乘之前付全款 | 即使乘客爽约，也能保证顺风车司机的利益 |
| 鼓励乘客坐在前排副驾驶或要求只能一位乘客搭乘顺风车 | 顺风车车主是与乘客平等交流的同路人 |
| 司机每日只能接两单 | 保证平台订单是真正意义的上下班“顺风车”，而非营利性的专车 |
| 乘客与车主的相互评价体系 | 鼓励乘客与车主进行详细的互评，通常在互评后，平台将给予乘客与车主数额不等的优惠券奖励 |

在这些运营策略的支撑下，顺风车主可以做到诚信经营，而乘客也能够做到文明乘车，从而增强对平台的黏性，保证顺风车平台的有序运转。

随着产品经营的深入发展，顺风车平台也聚集了大量有固定行车路线的司机和乘客，他们主要是从大型住宅小区流向办公集中的区域。未来，顺风车平台在提供拼车服务的同时，还将成为一个共享社区。一般在同一个办公区工作的乘客往往属于同行，如在中关村工作的一般是 IT 从业者，在金融街工作的一般是金融从业人员。顺风车在为他们提供一个便利的搭乘平台的同时，也为同行从业者提供了一个路上的社交平台，可以通过交流、分享掌握更多的行业信息。

部分顺风车 App 对司机每日只能接两单的策略已经不再做硬性规定，这意味着顺风车 App 已经打破原本固定的行车路线，开始朝着非固定线路以及中长途顺风车市场的方向延伸。

### ◆顺风车市场的发展概况

国内的顺风车市场形成了“3+1”的格局，起步最早的嘀嗒拼车拥有的月活跃用户数最多，排在后面的依次为 51 用车、天天用车和微微拼车。原本整个顺风车市场是由多个独立 App 占有，但是 2015 年 6 月，滴滴打车宣布进入顺风车领域，并在其 App 界面上增加了顺风车的选项，顺风车市场的格局开始被扭转。

为了获得更多的行驶路线，滴滴还为司机提供了每单最高 35 元的补贴。上线两个月后，滴滴顺风车日订单量就突破了 200 万，而最大的嘀嗒拼车日订单量最高为 120 万，滴滴顺风车在最短的时间里就已经完胜独立的拼车 App。

顺风车市场上竞争的焦点就在于用户规模，只有在供给端和需求端拥有足够多的司机和乘客，才能保证平台的活跃度，提升搭乘请求的应答率才能让平台拥有更多忠实的用户。而滴滴打车靠出租车和专车积累的庞大的用户群为其进入顺风车领域提供了巨大的优势，足以撼动独立拼车 App 的市场地位。

### ◆案例：UBER Pool 业务

为了全面阻击滴滴顺风车、快车等产品，UBER 积极筹备推出多人拼车产品——UBER Pool，2014 年 4 月，UBER Pool 在美国旧金山发布并进入内测，这一产品已经覆盖了旧金山、洛杉矶、纽约、巴黎等城市。而今 UBER Pool 正式进入中国市场，并进入了试运行阶段。

UBER 认为，只有不断增加运力，降低空驶率，才能满足乘客即时乘车的需求，同时增加司机的收入。UBER Pool 的引入改变了原有每单订单中“司机 + 乘客”的运营模式，倡导司机在同一订单中搭乘两位以上的乘客，从而形成一种拼车合乘的模式，让不同的乘客可以共享部分重合的路程。

在一般的拼车或专车模式下，在两段行程的空隙时间，司机是无法获得收入的，这期间可以形象地描述为“空窗期（Unpaid Travel Time）”。而 UBER Pool 模式就是要将两端行程的空隙时间也充分利用起来。

使用 UBER Pool 系统，司机可以在不同的地点先后接上两名以上的乘客，然后将顺路的乘客送达目的地。在 UBER Pool 模式下，将原本一名乘客独享的旅程变成了两名以上乘客共享的旅程，UBER 司机就可以获得两份以上的乘车费用，乘客的费用也可以相应下调，从而享受到多人拼车的优惠。另外，UBER Pool 的定价要比善通 UBER 低 30% 以上，司机在相同的路程中也可以增加两倍的运力。

UBER Pool 的诞生为用户的出行带来了一种新型的顺风车模式，将原本司机搭乘一名乘客，变成多名乘客拼车合乘，从技术层面上来讲，UBER Pool 的实现离不开精确匹配的时间和地点，从而保证乘客在与多人合乘的时候享受到与独乘时一样的体验，避免因为多人搭乘而耽误原有乘客的时间。

此外，为了实现高效、精准的乘客匹配，UBER Pool 的后台系统需要随时计算拼车的可能路线。UBER Pool 也打破了原有需要提前预约的顺风车打车模式，可以让顺路的乘客能够方便及时地搭乘顺风车，同时也最大限度地发挥了车辆的运力。

### 4.2.5 P2P 租车模式

#### ◆ P2P 租车的市场规模

随着国内汽车保有量持续上升，租车市场也开始出现爆发式增长，预计 2018 年中国租车市场的规模将达到 650 亿元。汽车驾驶人的数量远远超越了汽车保有量，这足以窥见租车市场仍然存在较大的成长空间。

大众休闲时代的到来和人均汽车保有量的增加，让自驾游市场日益火爆，越来越多的消费者开始选择租车的方式满足自己的自驾游需求。如今自驾游已经在一定程度上推动了租车市场的快速发展。

#### ◆ P2P 租车的运营模式

与传统租车不同的是，P2P 租车平台面向的是私家车主，让他们把闲置的车辆放在平台上，为有租车需求的用户提供车辆资源，由租车平台统一定价。有租车需求的用户可以在平台上搜索附近合适的车辆，并就租车时间达成约定。

从本质上说，不管是出租车、专车还是顺风车都提供一种服务，即把有出行需求的乘客送到目的地，而P2P租车则需要进行实物交割。为了能够吸引更多的客户，方便客户提车、还车，租车公司往往需要设立大量的线下门店。

同时，租车公司还需要保证有足够数量的车辆，因此需要花费大量的资金购买车辆，除了购置新车花费的资金外，还有停车费、保养费等都是一些较高的投入。

P2P租车平台整合的是用户家中闲置的车辆。用户家中闲置的车辆不仅需要承担停车费，而且车辆还在不断折旧。而P2P平台可以将闲置车辆集中起来，租给有需求的用户，租车的价格也往往低于市场平均水平，不仅可以让车主获得一定的回报，也实现了对闲置资源的有效利用。除了价格优势之外，P2P租车平台还有其他吸引用户的优势。

在过去，如果在节假日期间，租车自驾游需要提前一个月进行规划和租车，以防临近节假日租不到车。而今在P2P租车平台的支持下，消费者可以更方便、快捷地租车。P2P租车公司宝驾租车提供的数据显示，“十一”黄金周的租车订单在之前的一周呈现了爆发态势。在9月30日当天订单量和流量实现了10倍的增长。通过P2P平台，消费者可以实现更便捷地租车，甚至有时候车主和租车人在不见面的情况下就已经完成了租车流程。

#### ◆领先公司代表：PP租车

PP租车成立于2012年，总部位于新加坡，2013年PP租车正式踏足中国市场。PP租车只用了两年的时间，就使平台上注册车辆的数量达到了 40 万，是神州租车的 8 倍。而这也说明，共享经济在租车领域对线下闲置资源具有强大的整合能力，同时也显示了共享经济巨大的活力。

目前，PP 租车已经顺利完成两轮融资，在 2014 年年底的 B 轮融资中，PP 租车获得了 6000 万美元的融资金额，由 IDG、晨兴资本领投，源码资本、明势资本、红杉资本和清流资本跟投；2016 年 5 月，PP 租车获得 5 亿元 C 轮融资，本轮融资由天图资本领投，红杉资本、IDG 等跟投。

# 第 5 章

# 大数据交通：

## 一场颠覆性技术革命

## 5.1 大数据时代下的智能交通

### 5.1.1 大数据信息技术与智能交通系统

近几年，世界各国掀起了大数据应用的热潮，可以说，大数据时代的到来是历史发展的必然趋势。研究机构 Gartner 给出的定义，所谓“大数据”是需要新处理模式才能具有更强的决策力、洞察发现力和流程优化能力适应海量、高增长率和多样化的信息资产。

大数据的特点包括 4 个方面：大规模（Volume）、快速（Velocity）、价值（Value）和多样（Variety），合称为“4V”。身处现代信息社会中的人们，被网络、通信、各式各样的电子商务包围，每天面对大量的结构数据与非结构数据。

因此，不少人会将规模巨大的半结构化及非结构化的数据统称为大数据，如果用关系型数据库处理这些规模巨大的信息，除了要消耗大量资金外，还难以达到预想的效果。也就是说，想要利用传统计算机技术进行海量信息的分析与处理是不可行的。

随着科技的发展，运算能力不断提高，云计算应运而生，大大提高了人类对大数据的处理能力。人们每天都要面对规模庞大的信息，将云计算方式应用到信息处理技术中，就能将这些数据保存到系统中，在人们产生需求时对其进行分析、处理，而且不会耗费太多成本。

20世纪80年代，计算机技术从大型计算机过渡到客户端服务器，这是人类技术发展史上的一次重大变革，如今，云计算又使人类在处理信息数据的过程中迈了一大步，这也是一次不可忽视的变革。

随着科技的发展，交通系统的智能化水平会不断提高。所谓智能交通系统，指的是在交通管理中应用计算机技术、信息技术、电子传感技术及信息通信等技术手段，大大拓宽管理部门的覆盖范围，进一步提高决策的科学性与准确性，提高管理系统的运转效率。

智能交通系统将多种先进技术融合到一个综合平台中，包括控制技术、计算机技术、通信工程、交通工程等，能够充分发挥交通设施的作用，有效解决环境问题与交通拥堵，避免发生多种交通风险。这其中，先进的信息技术的应用是其核心力量，这些技术包括射频识别技术、云计算、现代通信技术、互联网技术等，它们共同构成智能交通系统。

### 5.1.2 从实践层面看大数据与智能交通

我国多个一线城市存在严重的交通拥堵问题。到底该怎样做才能有效缓解交通拥堵呢？

例如，很多地方出现了拥堵问题后，后面的车辆还是一如既往地驶向同一个方向，原因就是不能提前预测，相关部门也没有及时采取应对措施。如果在交通管理中应用大数据，就能大大提高管理部门的处理能力。

就当下的技术应用水平来说，大数据在交通管理系统中的作用主要有以下几个方面。

（1）“一卡通”已经在市民的出行中得到了较为广泛的应用，交通部门可以对其记录的出行信息进行相应的分析与处理，并在此基础上构建系统化的交通模型，及时处理各种交通问题，以提高决策的针对性，这种方式也属于大数据应用的范畴。

（2）派遣工作人员在指定街区安装物联网传感器，统计该路段的客流量及交通情况，同时整合其他管理系统收集到的相关数据，提高交通管理的智能化水平，能够为交通部门的决策提供更多的参考信息，提前对可能出现的交通问题做好规划，发布预警信息并及时处理问题。

（3）利用卫星与遥感技术对交通情况进行实时监测，收集有价值的交通信息，将信息发送给交通管理部门，或者提供给配备接收终端的驾驶人员，使他们能够提前安排出行路线，在前方出现拥堵时及时做出反应。

（4）在所有出行人员中，出租车司机对交通信息的需求最大。因此，应该将城市主要道路的交通数据发送到出租车内配置的信息采集设备或其他信息终端上，让出租车司机能够随时了解所在区域的路况信息，当数据收集积累到一定阶段后，就能了解城市道路的交通状况，提前预知哪条路线会发生拥堵，提前做出科学决策。

（5）如今，大部分城市居民会使用智能手机，并通过手机上安装的地图 App 查询相关信息，这些 App 的开发者或经营商可以对这些数据进行统计，并利用大数据技术进行处理，在此基础上掌握某个地区的客流量、交通信息等，让用户做好出行规划。

专业数据分析结果显示，若交通管理部门能充分掌握其所在城市的车辆、道路及交通情况，那么，在理想的情况下，该城市的道路通行能力会提升很多。从实践的角度分析，城市管理部门应该采取措施，防止在同一时段出现各种问题的“大碰撞”，以免加剧问题，使城市发展过程平稳运行。

为了更好地解决城市问题，2011 年，杭州国际城市学研究中心投资建立了“西湖城市学金奖”，旨在鼓励市民为城市建设建言献策。市民提出的建议涉及多个领域，包括人口问题、环境卫生、教育、交通问题等，到2015年，相关部门收到的建议已经超过10000条。

每年在活动举办期间，研究中心都会收到很多富有价值、实施性很强的意见，连负责对市民意见进行评估的业内人士与城市管理人员都表示认同。例如，在2012年该活动举办期间，评审人员从市民对交通问题提出的意见中筛选出100条优秀计策，编辑成《缓解城市交通拥堵问题100计》，最终，有四成的意见被该市交通管理部门采纳并执行。

对此，该市交通管理部门的负责人表示，“西湖城市学金奖”评选活动确实有益于改善城市交通问题。在对市民提出的优秀建议做出可行性分析后，交通管理部门将地铁换乘优惠、错峰限行等政策运用到实践中，并对停车收费政策进行了调整。

除此之外，在活动期间，部分市民提出的有关交通管理与大数据应用结合的建议也受到专家好评，被交通管理部门采纳。“杭州公共出行”App受到专家的认可，App上线后，其下载量超过10000次，被用户称为“最实用的出行神器”，如图5-1所示。

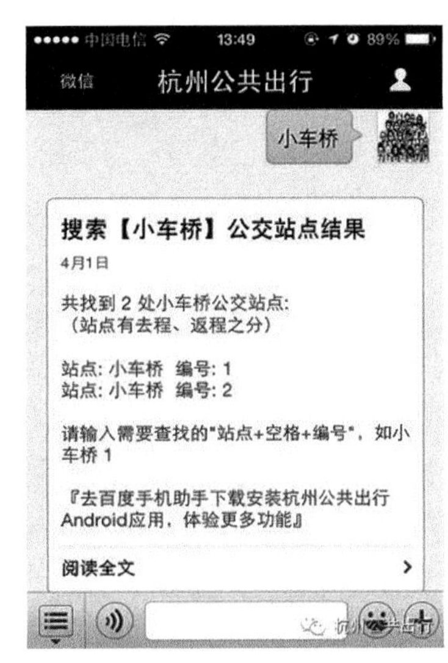

图5-1 “杭州公共出行”微信公众账号

这款App本来只限于安卓系统下载，后来，其研发人员在原有的基础上对该产品进行了升级，用户可以直接连接微信服务平台。

“西湖城市学金奖”的设立能够汇集广大人民群众的智慧，提高杭州城市管理部门的处理能力，其他城市也可以借鉴这种方法，群策群力，有效缓解各地的城市问题，而这也是大数据应用的范畴。

### 5.1.3 从发展趋势看大数据与智能交通

大数据的发展及应用已经成为不可逆转的必然趋势，当前，我们应该做的是，立足于宏观发展的角度，对大数据本身以及它在智能交通中的应用进行深入的分析。大数据是一次彻底的变革，还是仅限于技术层面上的进步与升级。在上文中我们已经阐述过，大数据的应用离不开云计算。

只用一台计算机是无法满足大数据对信息处理的需求的，而且，普通的网络计算能力无法在有效时间内完成计算任务，只有分布式计算架构才能达到要求。这种算法可以在大量信息中筛选出最有价值的那一部分，只有云计算中的分布式数据储存、分布式处理及虚拟技术才能实现。

从技术层面分析，大数据与云计算之间好比是手心与手背的关系，缺一不可。对此，业内人士也曾发表观点，认为只有通过云计算才能解决与大数据相关的问题。

大数据拉开了时代改革的序幕，使人们的社会生活与思维模式发生颠覆性的变化。如今，世界各国都在致力于促进交通安全、解决环境污染及提高运输效率，我国也在积极提高交通管理系统的智能化水平，目前，我国的众多技术应用已经与国际接轨。

然而，还有很多交通问题亟待解决。从宏观发展的角度来说，我国还要进一步提高对智能交通管理系统的利用率，分析结果显示，交通管理部门的覆盖范围还有待拓展，收集的信息得不到及时处理与分析，无法提前预知交通问题，民众也不能及时收到预警信息。

由于不同地区对交通管理的重视程度不同，各地交通管理部门的工作效率及能力也有所区别，但综合来说，我国交通管理系统的智能化水平还需要进一步提高，同时，要优化资源配置，不仅要加大投资，也要将引进的先进管理设备及技术手段应用到实践中。另外，交通管理部门还需要改变传统的思维模式，应用大数据与云计算，不断挖掘半结构与非结构数据的价值。

虽然我们已经进入了数字化时代，但数字化并不等同于数据化，数字化虽然能够在一定程度上提高信息统计与应用的效率，但它不能从根本上改变人们的生活与思维模式。大数据则能够带来创新式的应用与变化。

在传统的小数据模式下，我们注重的是计算的精准性，相比之下，大数据更加注重从整体上掌握事物的发展趋势；小数据注重因果关系的分析，大数据则更加注重事物之间的相关性，能够提高非结构化数据的利用率，通过数据分析的方式处理问题，从整体上提高管理水平。

并且，大数据具有鲜明的全球化特征，能够进一步加强我国与西方国家的联系，我国应抓住机会，缩小与发达国家之间的差距，也不排除会在特定领域将发达国家甩在身后的可能。

大数据是一把双刃剑，它在带来机遇的同时，也让我们面临更多的问题。其一，我们需要在明确数据的属性、价值及本质的基础上进一步挖掘其价值；其二，大数据在应用过程中会涉及信息安全及隐私保护问题；其三，整合信息资源需要强大的技术支撑；其四，目前在专业人才上还存在缺口。

随着大数据信息技术的发展，越来越多的国家加入大数据资源的开发队伍中。例如，2012 年 3 月，美国官方部门正式发行《大数据研究和发展计划》，把大数据的开发利用纳入国家的发展规划中，还专门组建了“大数据高级指导小组”。

科技改变着人类社会生活的方方面面，进入 21 世纪后，大数据在交通管理系统中的应用将为城市交通问题的解决发挥重大的作用。在深入分析城市问题的过程中，一定要发挥大数据的力量，加速新技术革命的进程，从整体上推动人类社会的进步。

# 5.2 “大数据 + 交通”的发展机遇与挑战

## 5.2.1 “大数据 + 交通”对传统交通的颠覆

随着经济发展及生活水平的提高，人们的购买能力不断增强，为了方便出行，越来越多的城市居民配备了自己的车辆。这使城市道路系统原本的平衡难以继续维持，而交通需求日益复杂，之前的管理模式已经无法适应，因此一些大城市面临的交通问题日趋严重。

将大数据管理应用到交通系统中，是对传统管理模式的颠覆性创新，也使公共交通管理体系呈现全新的面貌，不仅如此，很多传统方式无法解决的交通问题也可以迎刃而解，因为“大数据 + 交通”有以下价值，如图 5-2 所示。

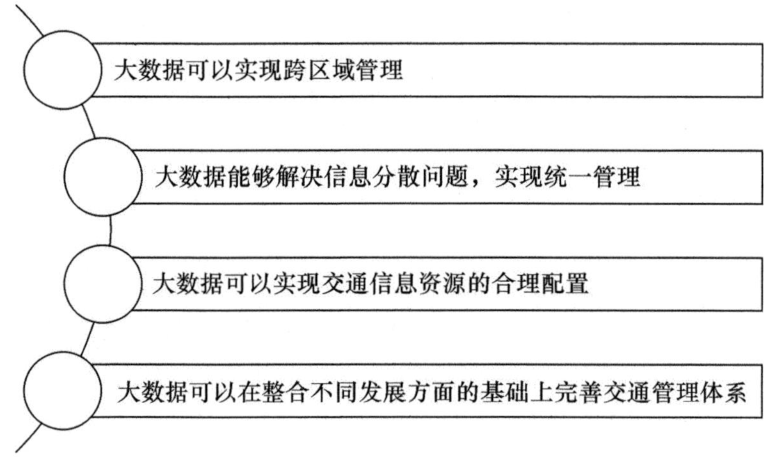


图 5-2　将大数据应用于交通管理的四大价值

◆ **大数据可以实现跨区域管理**

如果将大数据应用到交通管理体系中，能够突破行政区域的边界限定，使各个地区在遵循相关原则的基础上各司其职，提高管理的科学性。

◆大数据能够解决信息分散问题，实现统一管理

大多数城市的交通运输管理机构处在不同部门的管辖之下，相互之间的联系不是很紧密，这就导致管理无法集中，使交通管理出现信息集成困难、内容不够翔实等问题。大数据的应用，能够提高交通信息体系的综合化管理程度，将所有具备分析价值的信息统一收集，提高信息的利用率，完善交通管理体系。利用大数据技术对信息进行处理与分析，为交通问题的解决提供技术支持，缓解大城市的交通压力。

◆大数据可以实现交通信息资源的合理配置

许多地区的交通管理机构没有明确的职务分配，一部分公共交通管理机构存在重复性分配现象，导致资源利用效率不高。将大数据应用到交通管理体系中，可以为管理人员在制订计划时提供科学的指导，明确不同交通管理机构的职能担当，实现信息资源的合理配置。

◆大数据可以在整合不同发展方面的基础上完善交通管理体系

按照以往的发展方式，为了缓解交通压力，会在基础性建设中引入更多的资本，扩大道路可容纳的车辆规模，然而，有限的土地资源决定了这种解决方式已经不适应需求。大数据的应用可以在充分考虑相关制度的基础上发挥技术优势，将交通管理与信息技术相结合，同时，使土地资源不再对交通问题的解决有过多的限制。

## 5.2.2 “大数据 + 交通”模式的四大优势

“大数据 + 交通”模式的四大优势，如图 5-3 所示。

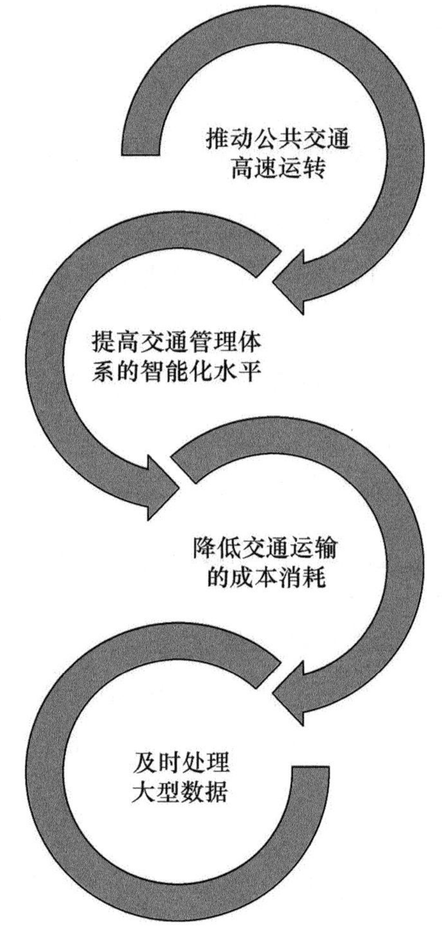


图 5-3 “大数据 + 交通”模式的四大优势

◆ 推动公共交通高速运转

要解决公共交通问题，需要在各个方面进行调整，这时候就要充分发挥大数据的优势。大数据的计算工作量会随着在数据库中输入的数据量的增加而减少。也就是说，当应用大数据管理公共交通的车辆时，输入处理系统的信息增多，其消耗会降低。这样的管理模式可以从根本上加快公共交通的运转速度。

美国洛杉矶研究所的分析结果证明，若车辆运营效率提高，只需原本16%～54%的车辆即可完成相当水平或者更高水平的运输任务。英国首都伦敦将大数据应用到交通管理体系中，加速了整体交通的运转。在车辆即将进入拥堵街区时，驾驶员会接收到传感器发送来的最佳行车建议，如可以在较短时间内帮助车主安全停车，这在很大程度上降低了经济消耗，节约了时间。

### ◆提高交通管理体系的智能化水平

大数据应用具有很强的即时性特征，当用户需要对数据进行分析与处理时，大数据便能够进行智能化操作，将处理结果以清晰明了的图形方式展现在用户面前，帮助其解决问题。交通管理体系的智能化主要通过以下两个方面表现出来。

（1）若某个街区出现意外情况，大数据应用可以及时处理信息，保证交通不会因此被阻断。

（2）大数据可以提前预测，对公共交通情况进行监控。所以，即便驾驶员不能预料某街区是否会发生交通拥堵问题，大数据也能为其提供较大的参考价值。例如，大数据管理系统可以提前对驾驶者准备经过的路线进行全面的分析，为其准备备用的解决方案，若该路段发生拥堵，则可在驾驶途中提前告知。

### ◆降低交通运输的成本消耗

尽管在交通管理体系中应用大数据需要消耗一些成本，但从长期发展的角度来说，这种方式能够节约的资金更多。

以美国新泽西州的交通管理为例，长期以来，新泽西州在管理过程中采用的主要是交通摄录设备与路边传感器来传递交通信息，然而，有95%的道路信息不在设备的监控范围内，且传感器所花费的成本高达2万美元。

之后，新泽西州应用了Inrix系统（属于大数据应用的范畴），该系统由INRIX公司提供，专门为解决交通问题提供专业性建议，可以为安装了其客户端的驾驶人员提供即时交通信息。虽然该系统每年消耗的成本达到45万美元，但总体来说，其处理能力提高了，覆盖范围也大大拓宽了，节约了人们大量的时间与精力。

按照传统的解决方式，为了完善交通设施的建设，增加停车场的数量及规模，一般情况下投入的资金也要超过100万美元，但很多城市因为成本消耗太大而一再搁置解决交通问题，大数据在交通管理体系中的应用，既能够降低成本消耗，还能从根本上解决城市交通问题。

### ◆及时处理大型数据

在交通管理体系中应用大数据之后，能在短时间内对大型数据进行分析与处理。大数据在信息处理的过程中应用了云计算及操作系统，既可以及时处理海量数据，又能够全天候统计与分析交通信息，同时可以实现跨区域信息处理。这正是很多城市当前面临的交通难题。据相关消息透露，国际商业机器公司（IBM）打算构建智能管理系统，用于交通管理中，在发生交通事故及其他意外情况时，能够尽快制定最佳的方案以指导人们的行动。

目前，无论是硬件还是软件装备，都能够为大数据管理系统的应用提供足够的支持。硬件方面，智能手机与无线设备的普遍应用为INRIX系统的开发及在交通管理中的实践提供了便利；软件方面，越来越多的人开始使用专业解决交通问题的应用程序，如百度地图、谷歌地图等。

同时，不少的企业、高校及政府相关部门也支持将大数据应用与交通管理体系相结合。例如，美国加利福尼亚州的交通管理机构及当地大学中的CCIT（创新运输中心）就在交通信息的管理方面开展合作，以便为诸多白领人士提供便捷的交通信息。此外，诸如苹果公司在为用户提供交通数据时也应用了大数据。

如今，大数据的应用不仅涉及企业生产，还将触角延伸至其他领域，除了能够提高企业的生产效率之外，大数据也能为人们的生活带来诸多方便。信息通信技术水平的提高，使交通运输过程中产生的信息越来越复杂，对用户而言，最重要的是在海量的信息中寻找到对自己有价值的数据。不过，需要注意的是，大数据的应用是有一定风险的，它在承担处理交通信息的同时，也可能对用户的隐私保护构成威胁。

### 5.2.3 “大数据 + 交通”模式存在的问题

**◆如何开放公共交通数据**

智能交通管理系统的发展水平与数据的公开化程度息息相关，但是，西方国家的大部分城市在交通信息的管理上仅限于管理私人数据库，政府相关管理部门的作用仅仅是对私人数据库进行性能的检测及调整。这种信息管理方式的开放性较低，无法进一步挖掘信息的价值，为了改变这种情况，只能对交通数据实施开放性管理。信息公开能够带来诸多便利；对政府来说，信息公开有利于树立良好的形象；对企业来说，信息公开能够增加其收益；对普通民众来说，信息公开能够保障其决策参与权。所以，要提高交通数据的利用率，就要提高信息的公开化程度。

**◆个人隐私问题**

在深入分析及整合数据资源的基础上，能够开发出具有针对性的应用程序，为人们的决策提供参考信息，进而产生商业价值。大数据的应用虽然使人们能够更加方便地获得信息，但也使一些用户担心个人隐私会受到侵犯。在传统模式下，匿名登录及密钥的使用使人们的个人信息不容易被泄露。

在现代信息社会，大数据的应用提高并扩大了信息的传递速度与传播范围，如果在管理过程中出现差错，就可能导致个人信息或商业机密被非法窃取，如某个用户的地理位置、日常行踪等。若用户意识到自己的个人信息安全得不到有效保障，就会对大数据的普及产生心理上的排斥。

◆交通数据的存取方式

大数据管理系统的应用对实时数据的统计与征集提出了较高的要求，然而，很多地区在统计车辆数量时，习惯将数据信息保存成类似 PDF 这样的静态格式，这种格式对智能设备的自动化检索造成了很大的阻碍，只能由专门的工作人员完成信息查询任务，无法发挥物联网的作用。

利用智能手机、传感器等设备对实时的交通数据及相关信息资源进行整合与分析才是交通数据物联化的体现。

### 5.2.4 “大数据 + 交通”模式的 4 点建议

◆广泛开放公共交通数据

交通数据的开放，能够加强政府部门与企业或专业机构之间的合作，能够弥补交通管理部门在专业人才方面的短缺，可以为管理部门提供技术支持，满足不同群体对交通信息的个性化需求。

所以，交通管理部门要进一步提高其信息的开放性，可以通过运营运输信息类网站为用户提供信息服务，同时，还要保证数据存储格式的多样化，便于系统自动检索与识别。另外，为用户提供数据分析工具，满足用户的个性化需求。

此外，相关部门应该鼓励用户参与交通信息的共享，当然，要在这个过程中确保用户的合法权益不会受到侵害。这样一来，政府部门就能与企业及用户群体达成合作关系，开发商可以通过提供信息服务获取更多的利润，大数据的应用也能为城市发展带来更多的活力。

### ◆保护个人私密信息

在大数据时代，为了加强对个人隐私的保护，政府需要完善相关法律的建设，对数据的性质、传播范围、传播过程中需要遵守的原则，以及应用目的给出明确的界定。为了确保信息的安全性，交通管理部门还应保证相关制度的实施，同时，要进行数据安全教育知识的普及，让用户能够依法保障自己的权益。

另外，无论是对数据资源的开发还是保护，都要采取适度原则。在这方面，交通管理部门应该努力做到，在开发数据的过程中不会危及个人的信息安全，既要为企业开发数据的商业价值提供便利，又要充分考虑对公民个人私密信息的保护。

为了减少用户对个人信息安全问题的担忧，应该由公民个人决定自己的私人信息是否可以公开，以及哪些个人数据能够被开发。另外，数据开发商也应改变自己的服务方式，只有在当事人知情且同意时，才能向用户发送其指定的信息服务。

### ◆提高交通数据存取的多样性

交通管理部门应该在交通数据的数字化建设方面加大投资，提高数据存取格式的多样性，节约人力资源消耗，方便对数据进行深入的研究。

所以，要使不同用户的信息需求得到满足，就要征集各方面的交通信息，在提高交通数据的数字化存储率的同时，还要将筛选出的核心数据以纸质资料的形式存储在案，采取信息共享的方式，使交通管理部门获取更多的交通数据。另外，还可以通过用户自动收发交通数据的方式，推动信息共享，从整体上提高公共交通的智能化水平。

### ◆提高交通数据的质量

各个交通部门采用的数据存储格式是有区别的，其数据质量也是如此。所以，交通数据中心需要采取措施提高交通数据的质量。

（1）建立统一的质量标准

为了避免信息在发布中被篡改，要保证发布环境的公开化与透明化，这样才能保证数据有利用价值，避免出现信息误差，使用户能够放心地使用数据。

（2）建立数据质量控制系统

交通数据中心在信息监测过程中，不仅要检查数据，也要对其进行评估。具体来说，交通数据中心要确保投入应用的数据有益于交通机构的正常运转及民众的利益，对数据进行严格的评审，避免其侵害个人信息安全。

（3）鼓励用户在接收信息后，将问题及时反映给发送部门

用户在数据质量的提高方面发挥着重要作用，若用户发现信息存在偏差，可以通过反馈的形式要求相关部门及时进行纠正，有效监督信息发布机构。

交通管理部门要严格控制数据质量，根据用户的需求，进行相关数据的征集与发布，提高信息服务的针对性。若政府部门在数据管理及发布方面无法满足民众的需求，可尝试发挥市场的作用，让数据提供商运营与管理数据，并监督其运作效率与数据质量。

在现代信息社会下，大数据的应用不仅能够挖掘更多的商业价值，对企业发展产生影响，而且能使人们的社会生活发生变化。在移动互联网不

断普及的今天，交通运输领域征集到的数据越来越丰富，在这种情况下，最重要的就是对数据进行处理与分析，满足用户的多样化信息需求。

所以，大数据管理并非没有难度，管理部门既要根据用户需求进行数据的处理与分析，又要在尽可能保护个人信息安全的基础上，开发交通数据的价值。总之，想要通过大数据的应用打造综合性的公共交通管理体系，还要在交通信息的获取及分析方面做更深入的研究。另外，要掌握建设智能交通系统的相关知识，并分析用户界面的调整及改进工作。

## 5.3 国内外“大数据 + 交通”的应用与实践

### 5.3.1 美国：大数据在交通领域的应用

美国有不少地区已经将大数据应用到交通管理系统中。大数据在该领域的应用主要体现在以下几方面。

◆ **通过大数据的应用缓解拥堵问题**

新泽西州在交通管理中采用了 INRIX 系统，该系统能够获取手机与 GPS 信号，提取其中的交通信息，为交通部门的决策提供参考。相关部门对这些数据进行专业的处理后，可以更好地掌握该地区的交通情况，了解各个线路的运输情况，并能够据此找出发生拥堵的具体路段。

◆ **通过大数据的应用解决天气原因引发的交通问题**

俄亥俄州的交通管理部门将大数据与云计算技术结合在一起，实时统计道路交通情况，该州曾经遭遇暴风雪的严重袭击，州内主要道路的交通也因为大雪覆盖受到很大的影响，但交通管理部门通过大数据的应用，仅用 3 个小时就缓解了此次危机。

在应对危机的过程中，俄亥俄州的交通管理部门利用 INRIX 系统收集到的交通信息，并结合相关的天气数据，及时掌握了清理州内主要道路所需的时间，为交通部门采取应对措施提供了有效的参考。在交通管理过程中采用大数据分析技术，可以避免很多交通事故的发生，不仅使人们的生命安全得到保障，还能够防止整体社会的生活秩序被打乱。

◆通过大数据的应用掌握道路交通状况

俄亥俄州的交通管理部门正在着手提高 INRIX 系统对交通信息的处理能力，希望能够进一步掌握州内主要道路的交通情况。

另外，他们还将大数据应用到高速公路的改善过程中，具体做法是，参考 INRIX 系统的分析结果，对主要道路的运输情况做出评估，找出运输效率低的路段，并为改进计划的实行提供信息依据。

◆通过大数据的应用找到发生拥堵问题的地点

波士顿的研究人员研发出一款能够显示在哪些地方发生交通拥堵问题的 App，这款 App 的应用原理与重力系统原理有很多相似之处。

该 App 可以感知手机中的加速度计的细微改变，从而掌握各个街区的交通情况。这项技术也能够应用到路段改善过程中，节约工程的成本消耗。据统计，波士顿在路段改善项目上的耗资非常大，每年仅用于道路测量方面的资金消耗就高达 20 万美元，除此之外，还要修建减速带、安装检测设备等。

### 5.3.2 英国：Inrix 交通数据系统的应用

英国为了推进“连接城市”计划的顺利实施，投入大笔资金用于互联网建设，其中，用于 10 个重点城市的网络建设费用高达 1 亿英镑。此外，政府还出资5000万英镑完善其他地区的网络建设，降低城市发生交通拥堵的频率。

英国政府之所以采取这样的措施，是想应用大数据分析技术，结合智能化的管理系统，加强不同地区之间的联系，从整体上提高对城市的管理水平。“连接城市”计划的实施，可以利用大数据实现对基础设施资源的充分利用，加强不同管理部门之间的交流互动，进一步掌握城市的交通情况。另外，英国政府还非常重视教育改革。伦敦教育信息资源管理局经过努力，在该市2000多所学校中安装了高速网络连接设备。

◆ Inrix 交通

用户无须支付任何费用就可下载 Inrix 交通。该软件上线后，下载量远远超过同类的其他应用。该软件可以对实时的交通运输情况进行分析，指引用户选择交通比较顺畅的路线，节约出行时间。

下载了该软件的 iPhone 手机用户在驾驶途中，只要用手指点击两下，就能以电子邮件或文本的形式将自己到达目的地的准确时间发送给约定的朋友，使双方能够在指定时间相遇。

◆ Inrix 旅行收音机

英国的大部分司机习惯收听通过商业广播电台发布的交通信息。然而，其信息面向所有用户，没有针对性。与此不同的是，Inrix 旅行收音机可以根据用户需求向其播报运输信息，能够满足用户对于公路、铁路、航空及船运等方面的信息需求。

不仅如此，Inrix 旅行收音机还能够向用户提供各个地区的最新旅游信息，为用户出行提供更多的参考。用户需要进行的操作非常简单，只要安装 Inrix 旅行收音机的程序，能够接收信号，就能通过收听广播了解当前的交通情况。

### 5.3.3 深圳：启动智能交通“1+6”建设

2000年，深圳的智能交通指挥中心正式落成。智能交通指挥中心在实施管理的过程中，结合运用了闭路电视监控系统、交通信号控制系统及其他相关网络系统，其除了具备数据统计、信息监控的功能外，还有管理及指挥作用。

交通运输的信息化建设能够直接影响整体交通管理系统的运转效率。智能交通指挥中心在信息化建设中扮演着重要的角色，该部门与智能交通处一起，从宏观角度上掌握深圳的交通运输情况，整合全部的交通数据并实现资源共享，实时掌握交通情况的变化趋势。另外，深圳智能交通行业协会于2007年建立，其目的是为智能交通领域的发展提供平台支持，从整体上提高该市交通管理的智能化水平。

智能交通指挥中心主要通过以下方式获取信息：一是安装在道路上的检测装置，如闭路电视监控；二是相关工作人员的报告、群众反映的信息，如交警在执勤期间获得的信息。

2010年，深圳着手开展智能交通“1+6”建设，计划在该项目中投入10亿元。“1+6”简练地概括此项目包含的各个建设部分：“1”指的是综合性资源整合及服务平台，其能够统一征集各个交通部门及相关管理机构的交通数据；“6”指的是综合性服务平台，在以下6个方面发挥信息服务作用：公共出行、交通决策管理、道路交通调控、交通指挥、交通检测和交通管理决策。

另外，深圳在建设交通运行指挥中心的基础上，还向外拓展其分支机构，旨在通过分支机构获得更丰富、翔实的交通信息，拓宽平台的服务范围，提高大数据的利用率，从整体上推动智能交通体系的发展。

### 5.3.4 百度：发布大数据引擎助力交通

目前我国许多城市的交通拥堵问题很严重，应用大数据能从哪些方面改善交通情况呢?

下面从交通大数据的获取方式、大数据的应用方面进行分析，让大家进一步了解我国当前在政策实施与科技应用上的结合。有人认为大数据离我们的生活很遥远，事实上，我们在日常生活中处处都能看到它的影子。

#### ◆交通大数据如何获得

以前政府在决策时没有那么多的参考数据，如今，很多政策要依据信息来决定是否可行。那么，交通管理的数据及信息是通过什么方式获取的呢?

（1）居民乘车时使用的“一卡通”

北京的交通管理机构中设有专门的管理系统，能够对一天内地铁中的人流量进行准确的统计，也可以提取用户的出行路线。除此之外，还能对使用“一卡通”乘坐公交车的人流量进行详细统计。虽然一部分用户在乘坐公交车时使用现金，但专业统计部门也可以统计出一天之内乘坐公交车的人数。

目前，NFC 近场支付功能的应用在我国还未普及。若随着科技的发展，实现 NFC 支付功能的普及，则交通管理部门可以更加精准地掌握居民出行的相关信息。

（2）实时监控运输车辆

《道路运输车辆动态监督管理办法》于 2014 年 7 月开始施行，该法案中详细规定了对运输车辆的监督。车联网系统的应用，能够将车辆的运行情况上传到定位卫星，相关部门能够据此对车辆进行实时监控。

（3）车联网系统

车联网系统的普遍应用，使交通部门能够方便地统计车辆的出行数据，并在此基础上推算出路况。

（4）道路视频监控

为了掌握交通运输情况，政府投资相关设施的建设及维护。高速公路视频监控一天之内在重庆捕获大约 50T 的数据，在广州捕获的交通运输信息记录达到十几亿条，其数据约 220GB。交通部应用道路视频监控，确实能够拓展其监控范围，获得更多的交通信息。

（5）与百度达成合作

百度邀请交通部参与其战略会议，正是因为两者达成了合作。在合作中，交通部可以获得百度提供的地图，从而获取更加丰富详尽的交通信息。百度地图拥有非常广泛的用户，因而掌握了大量的用户出行信息，并在此基础上推出百度迁徙图。交通部若能参考这些数据实施管理，就能大大提高决策的科学性。

除了上述方式，还有很多方式可以搜集交通信息，在这里不做具体阐述。

### ◆交通大数据的应用如何

交通部在大数据的应用过程中，一方面要统计信息，另一方面要对搜集的数据进行深入分析。在其与百度的合作中，能够凭借百度的技术优势，从海量的信息中提取对自己最有价值的部分。

交通部可以采取多种手段指导公交决策，常见的手段如下。

（1）智能公交调度

我国大部分一线城市实现了公交智能化，这也是交通部应用大数据的体现。交通部在运用全球定位系统技术、GIS 地理信息系统技术以及 3G 通信技术的基础上，能够实时掌握运行车辆的情况，对公交车辆进行调度，优化资源配置，而且也能缓解交通拥堵。

智能公交调度技术正在普及，如今，我国的很多城市在着手建设公交智能调度中心。

（2）在交通规划及决策中参考大数据信息

在制定交通规划的过程中，交通起止点调查必不可少，为此，在没有应用大数据之前，要委派大量人员统计数据。“一卡通”普遍应用之后，交通部能够方便地掌握各方面的出行信息，除了明确客流量之外，还能获知车辆拥堵时间，据此改进公交线路，从整体上完善城市的公交系统。

（3）评估驾驶员

交通部与百度达成合作后，可以方便地掌握驾驶员的出行路线和驾驶过程中的种种表现，以此对驾驶员做出评估，并将评估结果传送给交通管理机构及运输公司，为其招聘人才提供参考案例。

（4）预测群体出行情况

如今，百度地图可以预知一个城市 14 天内能够达到的人口数量。在交通管理中运用这种预测方法，再加上获取的其他方面的信息，就能够对群体出行的总体情况进行推算，提前得知什么时候为出行高峰期、哪条路线可能出现拥堵等，为出行车辆的调度提供参考依据。

用户提前掌握了群体出行情况，在出行时会更加方便，可以避开高峰期与拥堵的街区，节省出行时间，并可以提前选择路线。

不可否认的是，大数据在我国各个领域的应用越来越广泛，政府在制定宏观规划时已经离不开大数据。2014 年，政府与百度达成合作，体现出我国政府对互联网技术的重视程度与大数据应用的重要性。

# 第 6 章
# 物联网时代的交通物流智能化

## 6.1 物联网时代的智慧交通

### 6.1.1 物联网与智慧交通

我国经济的快速发展以及城市化水平的不断提高，造成了交通严重拥堵、污染和能耗问题。因此，为了实现经济社会的可持续发展、提升人们的日常出行体验，需要对我国的交通运输行业进行转型重构，即借助日益发展的物联网技术，构建智慧交通生态系统，实现交通运输领域的信息化和智能化转型，从而顺应经济社会发展要求，满足人们安全、高效、多元、个性的出行需要。

**◆ 物联网的概念**

2005 年，ITU（国际电信联盟）在其发布的《ITU 互联网报告 2005：物联网》中，正式对物联网（The Internet of Things）进行了定义：物联网是指借助射频识别（RFID）、传感器以及互联网等多种技术，进行物与物、物与人，以及所有物品和网络之间的信息共享与连接，从而实现有效识别、定位、监控和管理的智能化网络。

简单来讲，物联网就是“物物相连的互联网”，是对互联网技术的进一步应用和拓展。因此，物联网也被认为是继计算机、互联网之后的第三次信息化革命浪潮，其发展的灵魂和关键是围绕用户体验进行创新。

物联网融合了传感网、射频识别、移动互联网、云计算、模糊识别等多个领域的技术成果，是一种高度信息化、智能化的“万物互联”网络。物联网能够实现物与物之间的直接“交流”，并通过射频识别、传感器、互联网等技术实现对物品的全面感知、识别以及信息的存储、交换、共享，从而实现智能化的加工、处理和控制。

### ◆智慧交通的概念

物联网、大数据、云计算等相关技术的深入发展与普及，为解决我国交通运输业的发展痛点提供了新的思路：从传统交通运输模式转向智慧交通和智能交通。

虽然智慧交通和智能交通有诸多交叉、重合点，如两者都是对信息、传感、通信、大数据、云计算等多种技术的综合运用，在内容、关键点和方向上也有高度重合，但二者的侧重点和提供的解决方案并不相同。

智能交通主要围绕“互联网 +”进行交通领域的信息化构建，以推动交通运输业的互联网化转型升级；智慧交通可以看作智能交通系统的关键内容，是对物联网、云计算等先进技术的有效集成应用，侧重于追求交通系统功能的自动化和管理决策的智能化。

智慧交通是对自动控制、无线传感、数据通信、移动互联网等多种技术的综合应用，能对交通系统的各个环节和资源进行优化整合与高效利用，从而构建安全、高效、环保、舒适的智能交通系统。

智慧交通是以构建智能交通生态系为终点，借助物联网、云计算等多种新技术，打造“高效、安全、环保、舒适、文明”的交通运输新形态；有效增强城市交通运输系统的管理和运作能力，为交通运输部门和相关企业的管理决策提供更加及时、全面、准确的信息支持；优化人们的出行体验，构建高效、快捷、安全、人性、智能的交通运输服务体系。

### ◆物联网对智能交通的影响

随着城市人口和车辆的爆发式增长，不仅一二线城市的交通压力日益增大，就连一些三四线城市也开始出现严重的交通拥堵问题。同时，城市交通压力也不再局限于部分地区和上下班高峰时段，而是扩展到全区域、全时段。

交通是人们日常生活的主要内容之一，也是影响国民经济发展的十分重要的基础设施之一。而日益严峻的交通拥堵问题，不仅增加了人们的出行成本、降低了生活质量，也对社会经济的良性运行和协调发展造成不利影响。

发展智能交通是解决城市拥堵问题的有效途径，有助于打造“高效、安全、环保、舒适、文明”的交通运输新形态。智能交通是对电子信息、移动通信、互联网、信息控制等多种新技术的综合运用，推动了交通出行领域的智能化、自动化管理和服务。

物联网与传统智能交通系统在某种程度上有着共同的发展目标。因此，将日益兴起的物联网技术融入智能交通特别是物流运输领域，有助于传统智能交通系统的优化升级，推动智能交通的跨越式发展。

物联网融合了感知、控制、网络通信、计算机、嵌入式系统等多个领域的先进技术，是对日益发展的互联网技术的拓展和深化应用。

作为继计算机和互联网之后的第三次信息化革命浪潮，物联网当前仍处于起步阶段。从世界范围来看，发达国家由于技术上的优势在物联网的发展中处于领先地位：美国的多个行业已经融入物联网技术，是应用物联网较多的国家；欧盟各国在交通、物流、电力等领域对物联网技术的应用也已初具规模。

具体到交通领域，虽然交通物联网与智能交通系统在发展目标、技术基础、应用范围等方面具有高度的重叠性，但是在更深层的应用逻辑和发展理论上有较大的差异。

智能交通系统是管理服务部门进行的信息采集、分析、处理与利用，是一种自上而下的信息开发应用方式；而交通物联网突破了管理者的范围限制，自下而上地对触及的所有信息进行感知、收集和利用。因此，在信息资源的采集广度、精度和挖掘利用方面，传统智能交通系统都无法与交通物联网相比。

从这个意义上讲，交通物联网是传统智能交通系统的技术升级和理念转变，为智能交通开拓了更大的发展空间，也有助于更好地构建“高效、安全、环保、舒适、文明”的城市交通新形态。

### 6.1.2 智慧交通系统架构

智能交通系统借助电子信息、移动通信、互联网和信息控制等多种先进技术，对交通系统各个环节的信息进行收集、分析、共享、整合与利用，从而建立高效、智能、综合的交通管理与服务体系，为人们提供多元化、一体化、个性化的出行体验。目前，如何有效收集、存储、分析、整合海量的大数据信息，成为构建智能交通系统的关键问题。

“智慧交通”是针对这种问题的解决新方案：通过对物联网和云计算为代表的智能识别、通信传输、移动计算、数据融合处理等新技术的有效集成应用，实现交通运输信息的有效获取、传输、存储、分析、处理和发布，从而建立包含感知层、传输层、支撑层、应用层在内的综合性、一体化的智慧交通系统。

#### ◆智慧交通系统的4个层次

智慧交通系统有4个层次，如图6-1所示。

（1）感知层：借助RFID、二维码、传感器网络、移动通信、GIS等技术，实现对人、车、路的全天监测反馈，从而有效获取各种交通信息数据。

（2）传输层：通过互联网、移动互联网、卫星等各种通信设施和技术，把感知层所获取的信息及时、准确地传输到后方的综合性管理平台和数据中心，为下一步的数据挖掘、分析做好准备。

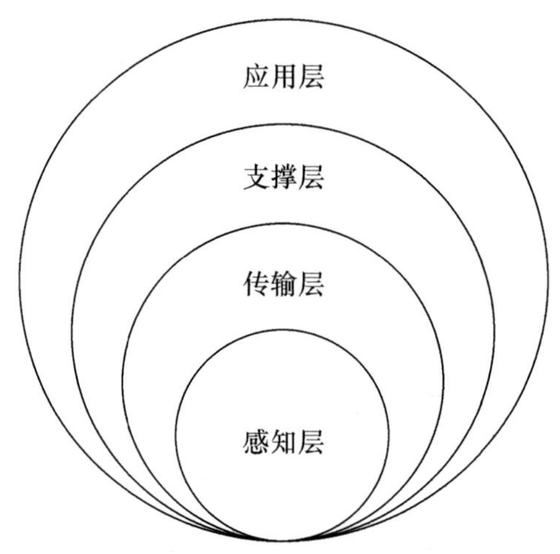


**图 6-1　智慧交通系统的 4 个层次**

（3）支撑层：利用云计算、智能处理、信息管理等多种技术手段，对获取的交通大数据信息进行深度分析、整合与处理，从而实现对交通资源的优化配置、动态管理和高效利用。

（4）应用层：通过智能交通信息综合管理服务平台，深度挖掘交通大数据信息的多维价值，并将其共享给不同的使用者，为管理决策、业务开展和交通服务提供有效的数据支持。

### ◆智慧交通的主要系统模块

与上述 4 个层次相对应，智慧交通主要包括以下 4 个功能系统模块，如图 6-2 所示。

（1）数据采集与收集系统

RFID、雷达检测、GIS、GPS 导航等多种先进技术的综合应用，大大增强了对城市交通信息的即时收集与获取能力，为交通系统的整体调度和智能控制提供了及时、准确、动态的信息依据。

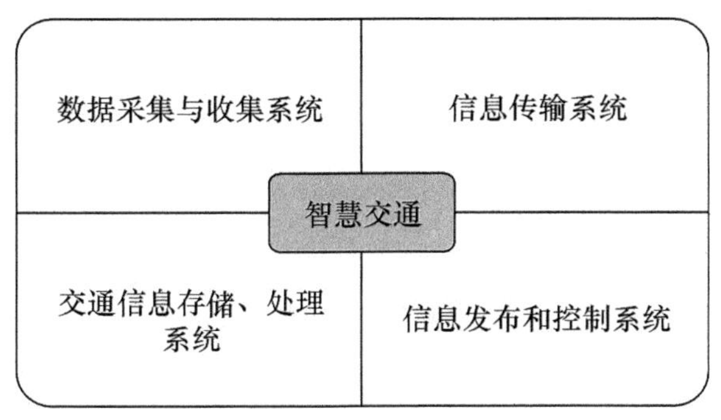


**图 6-2　智慧交通的主要系统模块**

交通信息获取系统由不同的信息采集装备构成，所收集的信息包含视频、位置、车辆速度、道路流通量等多种不同的形式。因此，如何有效获取信息并将不同模式的信息进行有效融合与处理，成为建立智慧交通系统的关键。

（2）信息传输系统

信息传输系统是通过电视网、通讯网、计算机网、移动互联网等有线和无线的信息传输渠道，将收集到的交通数据信息及时、安全、准确地传送到后方的智能交通综合管理平台。

（3）交通信息存储、处理系统

面对海量的交通数据信息，必须建立有效的信息存储处理系统，以便对接收的大数据信息进行筛选、整合、分析、处理，为相关决策和服务提供有价值的数据信息支持。

（4）信息发布和控制系统

信息发布和控制系统是信息发布、交通导引、停车库空位信息、信号灯控制、交通安全控制、突发事故处理等多种交通出行管理与服务系统，能够发挥智慧交通系统的功能，增强综合管理服务能力，优化人们的交通出行体验。

例如，根据对交通大数据信息的分析处理，及时发布不同路况的拥堵情况，为人们制定出行路线提供参考；根据不同交通要道的通行情况，合理地分配红绿灯时长，提高道路的通行效率；对交通事故进行快速反应和处理，并及时向人们发布相关的路况信息，有效降低因突发事故而造成的交通压力。

总之，借助不断发展的物联网技术打造城市智慧交通系统，已经逐渐成为世界各个城市升级改造传统交通形态的主要方向。

通过智慧交通系统，交管服务部门能够及时、便捷、准确地获取各种交通信息，并通过对交通大数据信息的分析、整合、处理、应用，实现整体交通系统的智能化、信息化管理和控制，从而增强管理服务能力，优化人们的交通出行体验。

### 6.1.3 “物联网＋智慧交通”的五大优势

智慧交通将智能传感、信息网络、通信传输、数据处理等多种新技术的有效集成运用到交通运输系统的各个节点，对传统交通运输形态进行升级重构。借助物联网和云计算等先进技术，交通运输系统各要素之间能够高效连接与共享，从而实现人、车、路、信息、管理服务等的相互连接，建立综合性、一体化的智能交通管理服务系统。

具体来说，物联网技术能够在智慧交通中的以下几个方面发挥作用。

（1）城市公共交通。大力发展公共交通是解决城市拥堵和污染的有效手段，也是构建智慧交通系统的重要内容。通过“一卡通”信息系统，建立公交车、出租车等多种公共交通方式的一体化消费和服务平台，优化人们的公共交通出行体验；综合运用 GPS、RFID、人像识别、车载监控等技术，实时掌控车辆和路况信息，构建高效智能的公交调度系统；

建立公交信息查询平台，使乘客能够随时获取车辆信息，从而选择合理的乘车方式。

（2）物流信息化。物流是能体现物联网技术优势的行业，也是该技术的主要应用领域之一。借助 GIS(地理信息系统)、运输导航、RFID 和移动互联网等多种技术手段，对物流车辆和货物进行实时监控管理；通过电子标签和智能识别系统，增强货物识别和信息收集能力，从而提高运营效率，优化整体物流系统。

（3）电子收费。物联网技术有利于建立和完善电子不停车收费系统 ETC，大幅提高道路收费站的通车速度，从而有效缓解交通拥堵压力，提升道路的利用效率。

（4）电子证照。通过射频识别等物联网相关技术，将传统的 IC 卡电子证件改造升级为可靠性、安全性、性价比更高的智能卡，从而保护人们的交通信息安全；同时，在汽车电子牌照中运用 RFID 技术，也有利于增强相关部门对假牌、假证的识别能力。

（5）设施监测。物联网技术能够对交通运输资源进行实时监测反馈，有效增强交通运输部门的综合管理与服务能力，为道路基础设施赋予电子标签。物联网技术借助视频监测、信息传输平台等技术手段，能够随时获取车辆、道路等交通系统的具体状态信息。

### 6.1.4 “物联网＋智慧交通”的三大实践

随着通信网络、实时控制、互联网等新技术的不断发展，各个城市纷纷开始打造智能交通系统，以解决日益严峻的交通拥堵问题。物联网技术融入智能交通的发展中，不仅为城市拥堵提供了更有效的问题解决方案，而且有利于智能交通发展实现质的突破，加快城市交通新形态的到来。

当前，不停车收费系统、实时交通信息服务和智能交通管理是物联网技术在智能交通领域的典型应用。

◆不停车收费系统

ETC是我国发展较早、比较成熟的智能交通系统，主要用于高速公路和道桥的过站收费。该系统能够在车辆以正常速度通过收费站时完成自动收费，从而避免了因停车交费而造成的交通拥堵，大大提高了道路通行效率。

ETC包含两个重要部分：车辆中安装的具有唯一性的电子标签设备，收费站中设置的电子标签读写器以及与之相关联的计算机收费系统。当车辆通过收费站点时，只需在系统预设的速度范围内行驶即可，不必停车交费。标签读写器能与车载电子标签设备进行信息连接和交换；然后由计算机收费系统将车辆信息传输到后台服务器；服务器再根据获取的信息识别车主身份，并从其关联的银行账户中自动扣取通行费，如图6-3所示。

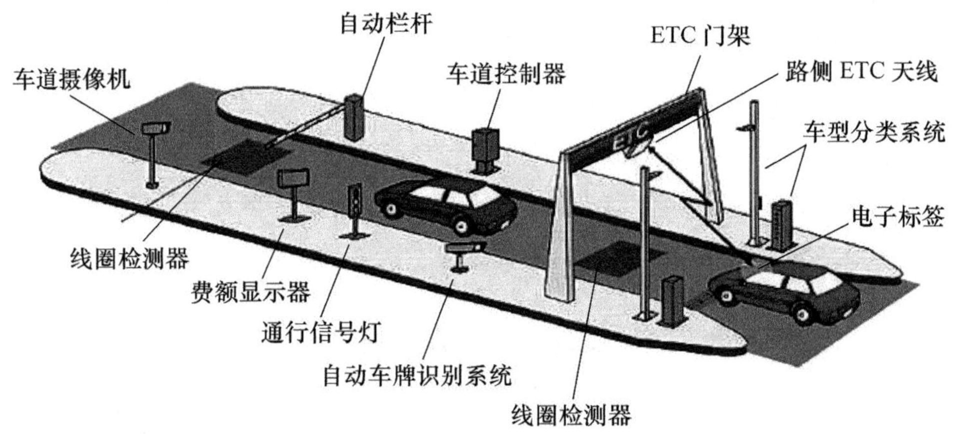


图片来源：齐鲁网。

图6-3 ETC系统示意

◆实时交通信息服务

物联网应用到智能交通中，能够增强智能交通系统的实时交通信息服务能力，为人们提供交通线路、交通事故、安全提醒、天气咨询等方面的即时出行信息。

通过实时交通信息服务系统，人们能够精确定位自身位置，了解所在道路和附近路况的交通情况，从而选择最佳的行车路线，也可以获取附近的停车位信息，并预定车位。另外，人们通过实时交通信息服务系统，还能够随时查询公交车的位置和到站信息，从而更好地规划出行时间和线路。因此，实时交通信息服务是一个需要多部门协同、包含众多服务内容的综合类智能服务平台。

具体来看，实时交通信息服务主要是通过预置在城市各个交通路口的传感设备，实时感知人、车、路的情况，并将相关信息快速传输到后台主控中心。然后，智能交通系统平台对所获取的海量交通大数据信息进行分析、整合、挖掘、处理，并将最终获得的实时交通情况分享给人们，为出行人员提供全方位的实时交通信息服务。

中兴通讯与宁波市交通委曾联合推出了“宁波通”免费出行应用程序。“宁波通”综合了交警、城管、气象等部门和几十个业务系统的交通信息，为市民在出行前和出行时提供包括交通设施、交通工具、区域路况等全面、实时的交通信息和多项便民服务，充分满足了人们出行的各种交通信息需求，极大优化了市民的出行体验。

◆智能交通管理

智能交通管理是一个应用了无线通信、云计算、感知技术、视频车辆监测、GPS 定位系统等重要物联网技术和多种物联网设备，如联网汽车用微控制器、RFID 设备、微芯片、视频摄像设备、GPS 接收器、导航系统、DSRC 设备等综合性智能项目。

通过交通信号、匝道流量控制、动态交通信息牌等交通控制设备，智能交通管理平台能够获取整体区域中人、车、路的实时交通信息，从而增强交管部门在交通疏导、事故检测及处理、出行危险预警、交通安全保障等方面的能力，提高城市交通管理服务的智能化、自动化水平。

例如，智能匝道流量控制是智能交通管理的一个重要方面，已经被应用于美国的20多个城市的交通管理中。在高速公路入口处设置的引路调节灯，能够有效引导车辆分流进入高速公路，从而大大提高了道路的通行、使用效率。

随着信息技术的发展迭代以及对社会生活的渗透，智能交通已经成为交通领域发展的主要方向，也是解决城市交通问题、优化人们日常生活体验的必然路径。打造智能交通必须依托“创新、协调、绿色、开放、共享”的发展新理念，协同多个部门、整合多方资源，积极利用大数据、云计算等为代表的物联网技术，打造一体化的智能交通综合系统平台，提高我国交通运输领域的智能化和自动化水平。

## 6.2 物联网时代的智能物流

### 6.2.1 物联网开启智能物流新模式

物联网应用到物流业后，催生了“智能物流”，即通过深入应用信息技术，把先进的互联网与物联网技术运用到物流工作中，使其多个环节实现智能化，并且能够对物流过程进行实时反馈。然而，目前这一概念更多地还是停留在技术层面上。

对于技术在产业领域的推广来说，技术与产业的双驱动是必不可少的。所以，更值得我们关心的是，物联网究竟在物流产业内发挥什么作用？换句话说，物流产业的产业需求是什么？

其实，产业驱动所包含的内容是多方面的，但是在物流业中核心只有两个，即网络与流程。具体说来，就是怎样把网络充分利用起来，如何进行资源整合及怎样对流程进行设计与管控。

实际上，无论是在哪个领域，应用物联网的目的是满足产业的内在需求。

在这个物联网普遍应用的时代，智能发挥了越来越大的作用，不仅能够获取物流运输过程中的各种信息，而且能将这些信息传输到数据中心。

也就是说，所谓智能，就是一个控制反应的过程，是动态的且不断进行调整的，而调整的依据就是那些采集到的实时信息。由此可见，当前智能有 3 个主要特征，即自动化、信息化及网络化。

智能物流作为物流业的发展趋势，其出现说明了信息化在物流行业实现了动态、实时的选择与控制。所以，业内企业在对信息化进行定位时一定要充分了解自身的实际水平、深入研究客户需求。

随着信息技术的不断更新与进步，物联网的应用会越来越广泛，这对物流信息化会产生什么样的影响呢？在当前的物流信息系统建设中，有什么趋势及因素是需要考虑的呢？下面对以下 5 个方面进行具体阐述，如图 6-4 所示。

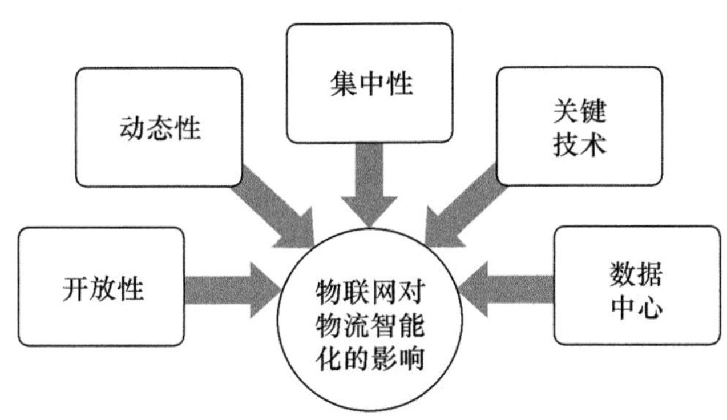


图 6-4　物联网对物流智能化的影响

◆开放性

在以往的信息系统建设中，信息系统的功能主要是管理自己的流程与资源，如今要建设的信息系统更为开放，既能够共享外部信息又能够发布自身的信息。

这样的系统能整合外部信息、对外发布自身信息，并且能够从中获得收益，原因何在呢？实际上，物流企业在管理前期是有着“二八法则”的，也就是说企业要想实现 80% 的服务水平，只需要将车、人以及仓储等管好就可以了。

当然，其他的因素也不是没有，但是真正能产生影响的很少，在这种情况下，物流企业若想要再上一层楼就显得比较困难了。服务水平可以很容易达到 80%，但要在这个基础上达到 90% 或 95%，就需要外部系统的沟通，否则不可能实现。

◆动态性

当今社会，企业能否发展取决于能否适应飞速变化的外部环境，以及能否提升精细化管理水平。而要适应不断发展变化的复杂的外部环境，就必须“动起来”。

此时，定位信息就成为一个基石。那么究竟何为定位信息呢？其实就是时空信息以及识别信息之间的一个组合，而这将会成为对物流业进行动态管理的一个信息元。

◆集中性

在信息技术普遍应用的今天，各行各业的大企业都在努力加强对信息化的建设。在这种形势下，集中管理成为重要的发展方向，而且信息化在整合网络资源和管理流程等方面的应用越来越频繁。所以，实行集中管理对信息处理与服务能力的提高极其有利。

此外，从事信息加工服务的专业人才是比较稀缺的，必须将之集中起来才能更好地建设数据中心。所以，集中性是信息建设呈现的重要特征。与之相关的技术服务也在不断更新，如信息服务外包技术、云计算服务等。

◆关键技术

具体说来，关键技术主要有以下5种。

（1）识别技术，如RFID、磁卡等采集信息技术、传感器。

（2）移动通信技术，如3G网、4G网等无线通信技术。

（3）智能终端设备，在物流领域，信息化设备发挥了移动信息平台的作用，具备多种功能，包括搜集信息、通信、传感等。

（4）位置服务，随着智能移动终端的普及，这一技术得到了广泛而迅速的发展与传播。

（5）商业智能技术，这一技术在未来能否成为热门，取决于企业能否充分利用其加工与处理信息以实现决策与增值。

◆数据中心

一直以来，数据中心都是比较容易被忽略的，这导致在推进物联网的过程中遇到了不少无法统一解决的问题。而随着成功案例的出现，我们发现这些案例无一不是以数据中心为主的，那些发展迅速的经济实体基本上依赖数据中心。

阿里巴巴、谷歌、苹果都属于这种类型的企业，它们通过自己建设的数据中心解决发展中遇到的人才、体制、流程、标准等问题。

推动物联网是刻不容缓的，因此建设与发展数据中心，是当前的重要任务。

此外，建设数据中心还要考虑公共信息平台的建设。以往的公共信息平台的建设，多数与数据中心的发展轨道不符，经常出现的情况是公共平台的设计者与运营者是不相关的。

当前已经有了数据中心化的经济实体，主要有两种：一是比较成功的公共平台；二是实体向数据中心转化。北京的物美集团就是后者的典型例子，该企业根据所积累的数据制定相应的销售方案，再据此制定采购方案，然后再依次制定物流配送方案、作业单等。这一流程解放了大多数非专业的员工，降低了对人的依赖程度。

尽可能地降低工作对人的依赖，其实就是智能化。所以，智能物流就是工作流程的决策管控不再依赖工作人员，而这正是物流业未来的发展方向。

### 6.2.2 物流产业转型升级，释放千亿市场

物流系统作为国民经济的基础性、支柱性产业，包含了运输、配送、仓储、包装、装卸、加工以及相关的物流信息等众多环节。因此，建构合理、高效的物流体系，对降低货物流通成本、推动产业升级，乃至提高整体经济运行效率，有重要的促进作用。

“互联网 +”时代下，智能物流的不断发展，更是以不可逆转之势推动相关领域的转型升级。从技术装备的层面来看，一个物流工程项目包括仓库、输送、拣选、搬运、软件和项目规划几个部分，如图 6-5 所示。因此，智能物流的发展势必带动这些领域的技术升级与创新，实现智能化、信息化转型。

中国物流技术协会的数据显示，2013 年我国物流市场规模超过了 360 亿元，至 2016 年达到 778 亿元，如图 6-6 所示。同时，按照当前大约 1:3.8 的物流需求弹性系数来看，我国物流需求市场的增速将显著高于 GDP 的增长速度。

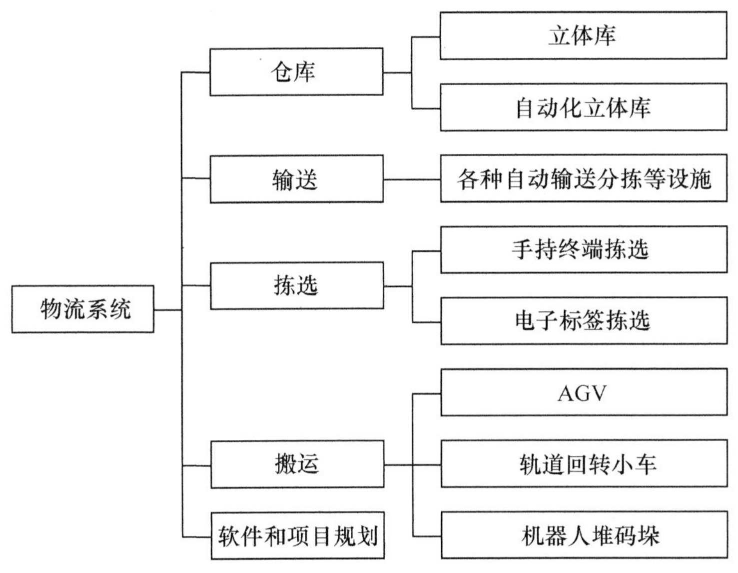


**图 6-5　物流系统分类**

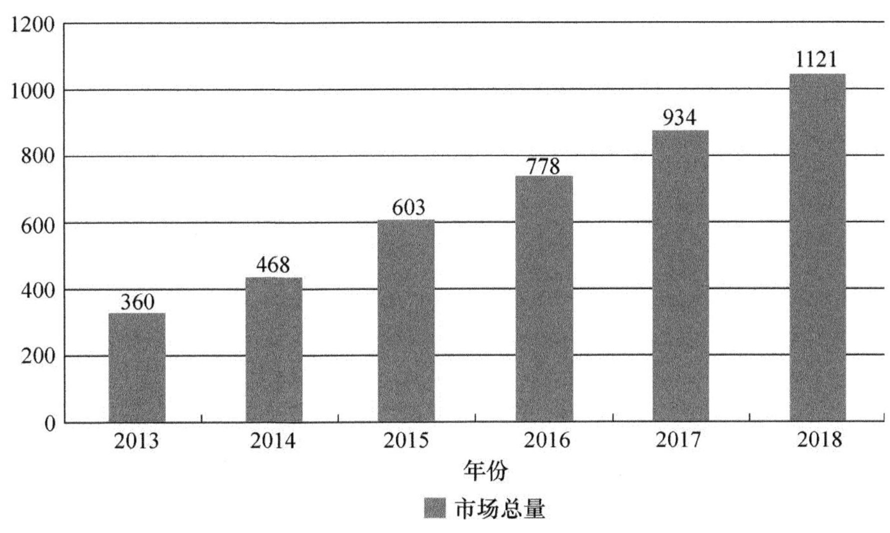


数据来源：中国物流协会。

**图 6-6　我国物流系统市场规模测算走势（亿元）**

参照日本物流系统设备的比例结构，并结合当前国内物流技术和装备的市场规模，可以估算出我国物流系统中不同技术与装备的细分市场需求。

以自动化立体仓库为例。从投资成本与存取时间来看，自动化立体库的初期投入成本很高，不过其存取时间成本很低。根据相关计算，自动化立体库的最低成本为每座 1000 万元，其中货架费用约占 30% 系统集成商的设备（堆垛机、输送带、提升机、RGV 等）成本约占 30% ~ 40%，核心的控制系统、软件、系统集成商的利润约占 30%。

如果将人工、吞吐和用地成本等计算在内，那么自动化立体仓库的优势更加明显。以库存 1.1 万托盘、月吞吐 1 万托盘的冷库为例：在人工成本、吞吐成本和用地面积方面，自动化立体库分别为普通仓库的 21.9%、55.7% 和 13%，总投资仅为普通仓库的 63.3%。

因此，构建自动化立体仓库，是发展智能物流的必然要求，有利于节约成本、提高仓储效率，更好地满足不断变化的市场需求。

同时，电商、冷链、医药等将成为自动化仓储新的重要市场。2017 年，我国网络零售额继续保持高速增长，今年交易额达到 7.1 亿元，同比增长 32.2%，增速较 2016 年提高 6 个百分点。庞大的网购市场必然会持续推动电商物流的发展，自然会为自动化立体仓库开拓广阔的应用空间。

另外，冷链物流的市场需求也在不断增加。特别是随着近两年生鲜食品的网购规模以近 110% 的速度持续增长，更是大大推动了冷链物流的快速发展。德国战略管理咨询公司罗兰•贝格（Roland Berger）指出，我国冷链物流市场规模正以 25% 的年复合增长率持续增长，这一巨大的市场需求无疑将会为智能物流企业提供更加多元化的业务拓展方向。

### 6.2.3 智能化改革：传统物流行业必经之路

近几年，随着网购市场的发展成熟，落后的仓储物流系统已经越来越无法满足人们的消费需求，亟须通过智能化变革建立高效的现代物流体系。特别是在冷链、医药、汽车、服装等垂直细分物流市场中，采用智能物流已经成为紧迫的需求。

◆冷链运输的高损耗现状，需要智能物流进行有效监督和预警

我国电子商务的发展水平处于世界领先地位，但落后的物流系统，特别是冷链物流的滞后，严重制约了国内网购市场的深化发展与开拓。

我国冷链物流还处于发展初期，综合应用率仅为19%。具体来看，美、日等发达国家在果蔬和肉禽方面的冷链流通率分别为95%和100%，而我国仅有5%和15%；即便在更易储藏运输的水产品方面，冷链流通率也只有23%，远低于发达国家的流通水平。

在冷链运输损耗方面，我国生鲜运输的损耗极为严重：果蔬、肉类和水产品的流通损耗率分别达20%～30%、12%和15%，而发达国家平均只有5%。因此，如果通过智能化改革将我国冷链物流的损耗率降到发达国家水平，那么果蔬、肉类和水产品的供给量将分别增长19%～36%、8%和12%。

我国冷链物流滞后的一大原因是智能化水平不高，无法实现物流、商流与信息流的有效连接、整合与交互。例如，拥有领先冷链物流体系的加拿大，就是通过构建农产品信息的一体化综合监管系统，实现了冷链物流的信息化、自动化和智能化运营，在提高效率的同时又大幅减少了损耗。

该综合系统包括仓库管理系统、电子数据交换、运输管理系统、全球定位和质量安全可追溯系统等内容，能够随时监管和整合冷链物流的各个环节，从而实现物流、商流和信息流三流合一。另外，GPRS+GPS双模块智能一体化冷链监控系统，能够增强冷链物流的集群化管理能力，从而实现对物流损耗的有效监控和提前预警。

### ◆智能化变革能够提高医药物流效率，降低医药价格

相关数据显示，我国中成药和化学药品的出厂价格并不高，分别只有市场零售价的 20% ~ 25% 和 10% ~ 20%。不过，落后的物流体系大大抬升了医药物流成本，最终造成零售价格高昂。如 2012 年我国医药制造业的物流费用率高达 11.6%，而同时期的日本仅为 1.7%。

医药作为一种比较特殊的商品，常常因具体品种、形态等方面的差异而对物流系统有不同的要求，有些需要冷藏运输，有些则对稳定性或时效要求较高。

然而，当前国内医药物流系统主要由各个医药厂商自建自营。这不仅造成医药物流系统规模小、重复建设严重，而且导致不同医药厂商的物流体系各自为政、效率低下，难以在整体上形成协同效应。

因此，通过智能化变革对现有的医药物流系统进行优化重组和改造升级，能够提高效率、降低物流成本，进而增强医药企业的市场竞争能力。

### ◆物流集约化和智能化转型，有利于拓展汽车零部件供应物流的发展空间

与医药物流一样，当前我国汽车零部件供应物流系统也是相关供应商自建自营的。根据整车厂商的产品需求，各个零部件供应商自行组织物流把零部件运送给整车厂商。然而，汽车零部件供应商多而分散的特点，必然导致这种物流模式效率低下、浪费严重，无法获得集约化的规模效益，从而大大抬高了零部件的物流成本。

引入智能化第三方物流，在整车厂商附近建立物流仓储调配中心，将众多分散的小规模自营物流系统整合协同起来，必然大大提高物流效率。同时，智能化变革还能为原材料供应商、零部件供应商和整车厂商提供一个网络化、信息化和智能化的即时连接与交互平台，从而增强生产与物流的精准性和时效性。

◆智能物流是服装行业短周期、强周转特性的必然要求

服装销售的周期性和季节性很强，容易产生大量库存，甚至有些厂商的服装库存额几乎等同于市场销售额。产品的大量积压和高昂的库存成本，势必严重影响厂商的资金流转，并削弱它们的持续发展和市场竞争能力。

因此，构建智能物流系统以大幅提高物流管理能力，满足服装产品高速周转的要求，无疑是降低国内服装业库存成本、提升竞争力的一个重要手段。

inditex是世界四大时装零售集团之一，近年来凭借旗下品牌Zara的强力扩张，一跃成为目前全球最大的时装集团公司。而inditex能够实现弯道超车，主要得益于公司智能化的全程供应链管理模式创造了一个难以超越的服装周转速度。

例如，一件服装从设计、生产到最终进入门店，我国服装企业平均需要6～9个月，国际名牌一般为120天，而Zara只需要12天左右。

## 6.2.4 智能物流迎来了发展的“黄金阶段”

“互联网+”行动计划、“工业4.0”“中国智造”等一系列发展战略的出台，新技术与新业态的不断涌现，为传统物流的智能化、信息化转型提供了契机和动力；同时，生鲜电商、跨境电商等不断开拓和发展新市场领域，也为智能物流创造了巨大的应用市场。因此，总体来看，我国智能物流已经进入发展的“黄金阶段”。

◆“互联网+”升级传统物流实现智能物流

我国要实现智能物流，就要借助“互联网+”升级传统物流服务系统，

制定更能反映新常态下物流市场需求的行业标准和规则，为信息化、智能化物流的发展指明方向；同时，要积极依托先进的信息技术建立、完善现代物流服务体系，实现对O2O线上线下资源的有效整合，充分满足经济新常态下对物流服务的需求，发挥智能物流在经济新常态下的基础性和支撑性作用。

例如，研究指出，“互联网+”与传统工业的融合将在未来20年为我国创造出超过3万亿美元的GDP增量。融合“互联网+”后的智能物流产业在其中占据重要的地位。

◆ 生鲜物流需求促进智能物流的大发展

作为农村电商的重要部分，越来越多的资本开始进入生鲜行业。生鲜物流市场需求的不断增长推动了传统物流的智能化转型：生鲜物流市场需求巨大，为智能物流提供了广阔的应用空间；同时，当前生鲜物流的低流通率和高损耗率，导致生鲜配送成本高、顾客消费体验差，严重制约了生鲜电商市场的挖掘和培育，因此需要发展智能物流来有效应对不断变化的市场需求。

与其他领域相比，生鲜电商市场规模小、竞争力弱，在我国整体电商市场中的占比小。全程供应链管理能力的缺乏、生鲜物流系统的落后，导致“最后一公里”问题难以解决，阻碍了生鲜电商的进一步发展。

“无物流，不电商”，建立更为高效的智能生鲜物流系统，是满足市场对物流服务的“最后一公里”需求、推动生鲜电商发展的前提和基础。因此，生鲜电商要从以资本布局为主，转向更加注重发展高效的智能物流系统，依托大数据等先进技术精准地把握市场特质和需求痛点，为消费者创造全新的生鲜物流体验，从而增强、提高他们的黏性和重复购买率。

◆ “一带一路”走出去的智能物流产业

“一带一路”的国际化协同发展战略，有利于推动我国建筑工程、装备制造和交通运输等多个领域真正“走出去”，构建国际化的产业营销网络。而国际化营销网络的构建，必须以强力、高效的现代物流系统为支撑，智能物流成为必然选择。

通过区域交通系统和依托信息技术的智能物流系统，第三方物流服务企业能够针对不同区域的市场特质进行更为合理的物流仓储布局，增强全程供应链管理能力，从而实现不同区域的协同联动，推动沿线各国经济的共同发展。

**◆跨境电商促进物流产业的智能升级**

不论是国内制造业等产业实施“走出去”战略，还是跨境电商的深化发展，都离不开物流网络的延伸布局。国际物流成为物流企业新的发展方向，也推动物流产业的智能化转型升级。

为了更好地满足跨境电商对物流服务的需求，物流企业必须积极布局海外的自动化仓储中心，通过发展智能物流，增强全程供应链管理能力，从而打造具有核心竞争优势的高效的国际化物流服务体系。

## 6.3 车联网：“互联网＋汽车交通”的产业风口

### 6.3.1 车联网产业的 4 种商业模式

实现汽车产业及交通运输产业的信息化，是众多相关行业从业者的长期追求目标。随着物联网、移动互联网等技术的不断突破，这一目标的实现越来越近。尤其是在 2015 年“互联网 +”战略上升为国家层面的发展战略后，互联网与汽车产业、交通运输产业融合的进程更是进一步加快。

虽然汽车行业与交通运输行业有着千丝万缕的联系，但是二者在与互联网的跨界融合中存在许多差异。对于互联网与汽车的融合来说，其主要表现为车联网。随着各路玩家的入局，现阶段的车联网产业形成了4种不同的发展模式，如图6-7所示。

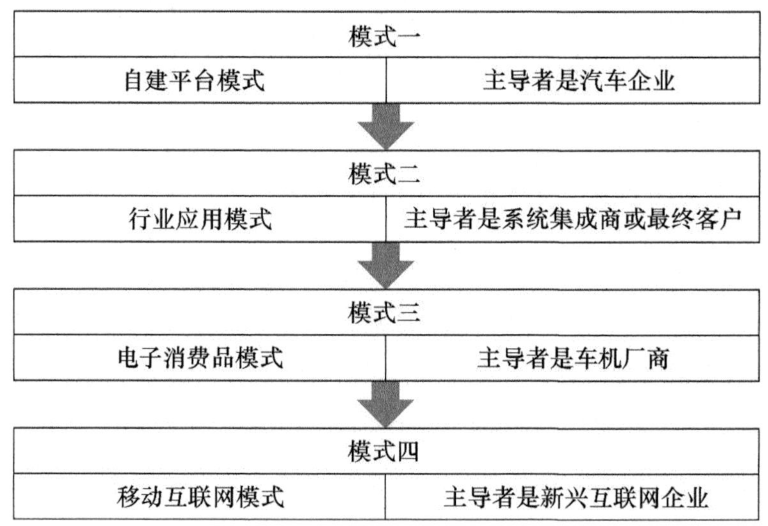


图6-7　车联网产业的4种商业模式

◆自建平台模式：主导者是汽车企业

自建平台模式的优势在于主导者是汽车生产商，它们对汽车市场有充分的认识，从而有效避免一些风险。但目前自建平台模式尚无清晰的盈利模式，如何将海量的车主转化为车联网用户并为企业创造利润，是自建平台模式的汽车生产商遇到的难题。

◆行业应用模式：主导者是系统集成商或最终客户

当前，我国的两客一危（旅游包车、三类以上班线客车、运输危险化学品、烟花爆竹等专用车辆）、特种车（警车、运钞车、救护车等）等车辆接入车联网，其规模大约为1000万辆。国内有500多家企业在行业应用模式中进行着激烈的竞争。

◆ **电子消费品模式：主导者是车机厂商**

以往依靠销售汽车硬件产品盈利的车载电子商家，开始转型为服务提供商。尤其是在竞争十分激烈的深圳地区，众多硬件生产商开始大规模向互联网服务转型。中国移动自主研发的4G智能车机（安装在汽车里面的车载信息娱乐产品），为用户提供了全新的智能驾驶体验。

◆ **移动互联网模式：主导者是新兴互联网企业**

谷歌、百度等拥有海量移动互联网用户流量的科技巨头，开始布局车联网产业，通过自身积累的庞大用户资源，占据了一定的领先优势。

最近几年，谷歌、百度都在研究无人驾驶汽车技术。谷歌、百度研发的无人驾驶汽车，没有油门、刹车、后视镜、方向盘等传统汽车拥有的标准配件，完全通过车联网系统进行自动控制。未来，无人驾驶汽车得到全面推广后，汽车可以通过互联网接收出行地址，从而为消费者提供方便、快捷的出行服务。

互联网与交通运输产业的融合，朝着便捷与智能化两个方向发展。这种不同的结果是由于运营商、互联网企业及App开发公司所扮演的不同角色造成的。运营商的主要服务对象是交通运输监管部门及运输企业，通过为它们提供优质的信息化服务，强化产品的智能化、自动化，从而提升自己的信息通信业务盈利能力。

而互联网企业则依托自身的技术优势及用户资源与App开发公司合作，让消费者享受到更方便、快捷的出行服务。它们按照互联网模式的商业逻辑，引入金融机构的大量资金，通过现金补贴、打折优惠等方式积累用户资源，使企业在资本市场中得到更多的资金。

### 6.3.2 谁将主导未来车联网市场

在车联网产业的4种不同的发展模式中，自建平台模式及电子消费品模式存在转型的压力；行业应用模式处于一种相对独立的状态；而由新兴的互联网企业主导的移动互联网模式，凭借用户资源、科学技术等方面的优势，将成为车联网产业中的一大热点。

互联网企业巨头的加入及汽车生产商对车联网的重视，说明移动互联网与汽车产业的融合进程正在加快，传统汽车电子企业很有可能成为这次变革的牺牲品。一位业内专家表示，车联网在未来有可能出现两极分化的局面，即以新兴的互联网企业为主导的移动互联网模式与以汽车制造商为主导的自建平台模式。

汽车制造商的专业性是其进军车联网产业的一大优势，在他们的经营下，车联网的产业链深度及广度都会得到拓展，因此，汽车制造商很可能成为车联网产业的主导力量之一。蓝牙、Mirror link（手机厂商和汽车制造商建立的一种车联网标准）等技术将会在车联网产业的发展中发挥巨大的作用，车机将日趋标准化、通用化。智能手机、智能车机等接入互联网的终端设备，将会成为企业为消费者提供服务的有效载体。

新兴的互联网企业是车联网的另一个主导力量。移动互联网技术的应用，可以使更多的主体参与到价值的创造中。通过移动互联网，商家不仅可以为消费者提供基础的功能性产品，而且能为消费者提供实时通信、交友娱乐、音乐、视频等增值服务，在增强用户黏性的同时，也为企业创造了更高的收益。

积累了一定的用户资源以后，个性化及差异化的用户需求能为企业带来海量的用户数据，从而使企业可以挖掘更大的潜在用户价值。企业通过各种营销手段，有针对性地刺激用户群体的消费需求，从而有效推动企业产品销量的快速增长。事实上，移动互联网在车联网中不再是一个简单的功能性产品，它能为企业带来一个完整的生态链。

在“互联网 + 交通”产业中，以 UBER、滴滴打车为代表的移动互联网模式将会迎来爆发式增长。随着国内智慧城市“互联网 +”交通的推广，越来越多的互联网企业与地方政府合作，使广大消费者以极低的成本享受优质的智能出行服务。

### 6.3.3 运营商如何撬动车联网市场

在“互联网 + 汽车交通”的跨界融合中，无论是车联网产业，还是“互联网 + 交通”产业，运营商都不是主导者，但各个主导者都依赖运营商提供的网络服务。在更加强调开放、共享、跨界融合的移动互联网时代，运营商需要做好以下几个方面。

（1）运营商所拥有的优势便是其掌握的宽带网络资源。运营商可以为各个参与主体提供连接服务、通信服务，如车辆实时监控系统、汽车制造商为用户提供的呼叫中心服务等。

（2）运营商可以整合产业链中的基础服务网络、产品信息推广、营销渠道及产品售后服务渠道。

运营商通过对渠道的整合，可以打造一个综合的交通信息化平台，为各大商家及消费者提供一站式服务。运营商通过互联网与交通运输产业的融合，可以充分发挥自己的优势，如强大的信息推广能力、数据搜集能力及系统集成能力等，从而为合作伙伴带来巨大的收益。

中国联通除了为宝马汽车用户提供移动通信及呼叫中心服务以外，还为宝马汽车提供了平台集成运营及丰富的车载内容服务。对以宝马为代表的汽车制造商来说，传统管道服务营收在其整体营收中的占比较小，这次合作为众多汽车制造商的转型提供了新的思路。

（3）运营商还能与政府部门合作为消费者提供路况信息查询、公交信息查询等服务。事实上，运营商可以依托平台中的各种应用，实现对用户数据的搜集与整理，从而为探索新的用户需求打下坚实的基础。

运营商要在实践中取得良好的服务效果，必须对自身的体制进行创新。运营商烦琐的业务处理流程限制了其自身的进一步发展。滴滴公司在选择与 LBS 位置服务商合作时，最先想到的是在国内拥有大量 LBS 位置服务基础设施的中国移动，但由于中国移动公司的决策流程太过烦琐等原因导致双方没有达成战略合作。

因此，未来运营商要进一步发展，就要进行体制创新，如进行自身品牌的上下拓展，成立拥有一定权限的子公司等。2015 年 8 月，中国联通旗下的全资子公司联通智网科技有限公司正式成立。该子公司专注于汽车信息化领域，通过对自身体制的创新，以公司化运营化解联通发展过程中的难题。

# 第 7 章

# 共享交通：

## 共享经济模式的完美实践

## 7.1 共享经济：主导未来出行市场的力量

### 7.1.1 共享经济掀起消费革命

UBER 作为一款打车软件获得了出人意料的成绩，2017 年第二季度订单总额达到了 82.5 亿美元，毛收入同比增长 10%。截至 2018 年 2 月，Uber 的价值达到了 720 亿美元。

尽管 UBER 获得了令人骄傲的成绩，同时也得到了越来越多的人的关注，但是 UBER 在发展过程中遇到了门槛，如与司机以及本地政府之间的关系存在问题，一直没有找到有效的解决方案，不过这一问题并没有对 UBER 的商业模式造成大的影响。

互联网的广泛应用催生了一大批驾乘共享平台，在为人们的出行提供便利的同时也对传统的交通运输行业造成了巨大影响，同时这些平台也逐渐成为共享经济中的一个鲜明的旗帜。

战略咨询公司罗兰贝格在发布的共享经济报告中指出，预计到 2018 年年底，全球共享经济规模有望达到 520 亿美元（约 3600 亿元人民币）。

Airbnb、UBER 等共享经济形态的代表所获得的成功并非偶然，而是作为一种新经营方式在适应商业环境的前提下获得的成绩。

共享经济背后所蕴含的“协同消费”理念，已经不是新概念了，

eBay、CrAIGslist 以及 Napster 都是在这一理念的基础上建立起来的，而 UBER 和 Airbnb 的发展将这一理念推到了新的高度。

在经济不景气的大环境下，共享经济先行的实践者为低收入的消费者提供了一种更加优惠的消费方案，同时也开创了一种赚钱渠道和方式，让握有资产的人成为商品或服务的提供者，满足消费者的需求。例如，Airbnb 公司的创始人在创立该公司的时候就是为了让租客省点房租，于是就有了有空闲房间的房主提供空房、有租房需求的租客租住房子的双赢的交易方式；而 UBER 帮助人们将汽车从原本的出行工具变成了一种赚钱工具，让车主可以通过出租车辆的形式获得一些额外的收入。

以省钱作为主要考虑因素的个体，往往更愿意通过承担一些与陌生人接触并建立信任关系的风险而成为共享经济的实践者。很多先尝试共享经济模式的企业，在没有任何经验可借鉴的前提下进行了大胆的探索，逐渐掌握了其发展之道，推动了新变革的产生。

### 7.1.2 共享经济模式的优势

虽然共享经济在在线租车以及租房领域已经取得了良好的成绩，但是并不意味着共享经济局限在这两个领域。随着人们对共享经济的逐渐认可，共享经济正在向更多的领域延伸，同时也会覆盖更多的用户群体。

如果消费者可以对自己的资产实现共享，如汽车、房屋等，那么社会对这些产品的额外需求就会下降，从而有效节约资源和保护环境；而对于企业来说，如果能够参与到共享经济中，就能提高社会闲散资源的利用效率，提高企业的盈利能力。

共享经济的发展也会影响企业与员工之间的关系。共享经济的发展开辟了一种新的赚钱方式，让兼职工作越来越多，“失业”不再是一件可怕的事情，反而让人们在利用自己的资产获得收益支撑生活的同时，有了更多自由的时间。

未来会出现更多高效的平台以及新服务和新工具，对共享经济的发展提供重要的支持，如 Checkr 可以为用户提供背景调查服务，Zen99 可以同时为 1099 个工人处理税务问题。

而且，共享经济将会采用中心辐射型服务模式，以共享经济平台为中心，在平台上开辟更多的应用程序接口，实现相互整合，从而凸显这种服务模式的优势。

消费者只要登录共享经济平台就可以预订自己想要的服务，如 OpenTable 是一个专门提供晚餐预订服务的应用程序，消费者使用这个程序不仅可以订餐，而且可以用 Lyft 打车，同时还可以用酒店预订程序预订酒店。这一系列完整的服务经过整合后可以为消费者带来极致的用户体验，同时也为共享者带来一些新机遇。

此外，共享经济的发展也把各种垂直服务带到了一个新阶段，如过去消费者想要装修房子，需要去室内设计公司找设计师，而现在在线室内设计平台 Laurel &Wolf 为有设计需求的用户提供了极大的便利。它可以让设计师主动上门，并且设计方案更具针对性、价格更优惠。

在对室内装修市场进行定位的基础上，Laurel &Wolf 抓住了市场的痛点，提出了一种有效的解决方案。这不仅提高了设计师的工作效率，而且为用户带来了实实在在的利益。虽然目前来看，室内装修市场的规模并不大，但是只要能深入挖掘这个市场，找到用户的需求痛点，未来在这个领域会实现更大的突破。

随着共享经济在人们生活中的广泛渗透和融合，未来共享经济会成为人们生活中的重要组成部分之一。很多传统企业并不欢迎共享经济这一新形态，有的甚至采取了抵制措施，但不可否认的是，这一经济形态已经成为大势所趋，如果传统企业不能及时适应和调整，很可能在时代的浪潮中被淘汰。企业在实现共享经济的道路上必定充满了风险，应该有足够的决心和勇气迎接未知的挑战。

### 7.1.3 嘀嗒拼车的 C2C 共享模式

2014 年 4 月，嘀嗒拼车上线，正式进驻拼车市场。自上线以来，嘀嗒拼车就以“保护环境、缓解城市交通压力”“拼车出行，让上下班更轻松”等理念深受用户欢迎，被众多用户称为“拼车神器”。

不仅如此，作为一款免费的拼车软件，嘀嗒拼车获得了投资者的青睐。2014 年 11 月，嘀嗒拼车拿到 IDG 的 1000 万美元 A 轮融资；B 轮融资则是由易车网领投的 2000 万美元；2015 年 5 月，嘀嗒拼车获得崇德基金领投，挚信资本、易车网、IDG 等跟投的 1 亿美元 C 轮融资。

在共享经济大放光彩的形势下，拼车应用成为 O2O 垂直领域争夺的新热点，仅 2014 年获得融资的拼车 App 就超过了 20 家，其融资总金额超过两亿美元。进入 2015 年，行业巨头滴滴上线顺风车业务之后，拼车市场的争夺更是异常激烈。

根据 App Store 及其他相关的统计信息，嘀嗒拼车平均每天接收的订单量为 20 万，排在其后的两家订单量之和远不及它。拼车模式颠覆传统出行市场的原因是什么？嘀嗒拼车能够吸引众多投资商，C 轮融资规模超过 1 亿美元的原因又是什么？通过分析不难得出这样的结论：因为共享经济模式的运用使拼车满足了消费者的需求。

**◆共享经济“去中介化”，给予消费者更大主动权**

互联网逐渐普及，使用智能手机的人也越来越多，这为“共享经济”的发展打下了基础，使运用该模式经营的商家不断增多。

“共享经济”就是“协同消费”，如今，它使社会发生了很大的变化。

传统模式下的消费者往往处于被动地位，很容易怀疑商家的目的，这促使共享经济模式的产生。举个例子，嘀嗒拼车的经营方式和出租车及专车的区别在于，使用该程序的消费者和服务方会把自己经常走的路线上传到系统，经过系统集中处理后进行匹配。在用户有乘车需要时，附近的司机会赶过去为其提供服务。

之所以说嘀嗒拼车是运用 C2C 经济模式的代表，是因为这种方式下的消费者和服务方是直接沟通的，鲜明地体现了去中心化的特点。传统 B2C 模式下的出租车和专车司机通过其所属的商家或者平台，才能与消费者互动。而嘀嗒拼车采用的价格机制与传统的经营模式也有所不同，它不会把等候及空驶的成本消耗算在顾客需要支付的费用中，因为它的价格是提前定好的。所以就算是交通不顺畅，乘客也不会因此多花钱。

这种模式的运用，改变了用户原本所处的被动地位。用户不必多花钱就能享受乘车服务，而服务质量也不会有所下降。这使消费者和服务方都能满足所需。

### ◆共享出行方式让资源配置环保化

嘀嗒拼车在乘客与车主之间搭建起沟通渠道，能够充分利用资源，让共享经济模式带动出行行业的长远发展。

在服务提供方面，嘀嗒拼车把重点放在车主与乘客所经路线是否匹配上。在具体的应用和实践过程中，与其他打车软件相比，嘀嗒拼车所采用的这种方式，能够为乘客提供更加周到的服务。原因是用嘀嗒拼车不用考虑和担心时间方面的问题，在所有的时间点都能够找到与乘客顺路的车主。

想要成功吸引消费者的目光，就要采取措施提高资源的利用率。嘀嗒拼车收取的费用比其他同类打车费都要少，而车主也能顺路接收订单，双方都能从中受益。

上述案例说明，共享经济模式不但使人们的日常生活发生了改变，还有效利用了闲置资源，提高了资源利用率，改变了消费者的被动地位。我们可以大胆地预测，嘀嗒拼车这种共享经济模式，能够使传统出行市场发生颠覆性的变化。

### 7.1.4 政策监管：增强安全性与可靠性

共享就是通过一定的方式和渠道重新利用自己闲置的物品，从而实现资源的优化配置。如果用户在出行时自己开车，那么到目的地之后，车辆会闲置一段时间。如果搭乘出租车或者专车，那么在到目的地之后，出租车和专车就可以搭载别人，这样就充分利用了车辆资源，减少了道路上的汽车总量，有利于缓解环境污染的压力。

汽车共享也是一种双赢模式。对乘客来说，可以享受到更优质、优惠的乘车服务；对司机来说，他们通过打车软件的补贴赚到了钱，同时也降低了空车率，充分发挥了车辆的运力。

打车软件的使用不仅为人们的乘车提供了更多的便利，而且让共享经济获得了越来越多的关注。在共享经济中所奉行的 P2P 模式也被广泛应用在各个领域。

尽管共享经济逐渐成为一种趋势，但是这种模式在发展过程中依然遇到了门槛。第一大门槛就是监管的问题，滴滴专车等提供的专车服务与现在市场上的运行规则有着不可调和的矛盾。虽然滴滴专车的大部分车辆属于租赁体系内，但是存在个人车辆利用软件平台参与专车运营的问题，而这是违背相关法律规定的，同时存在非常大的安全隐患。

对于互联网公司来说，如果仅仅依靠租赁体系内的车辆支撑打车软件，那么其发展就会因为车辆数量以及配额的问题而受限，而私家车辆的加入可以有效弥补车少的缺陷，但是如果允许私家车辆参与社会运营的话，又违反了相关的监管规定，因此这对互联网公司来说绝对是一个棘手的问题。

打车领域的先驱——UBER在扩张的过程中也遇到了同样的问题。UBER在全球多个地方遭到了严厉的监管，甚至在有些地方被直接定为非法。

像UBER这种租车服务的流行，增加了司机职业的不稳定性，对社会的和谐发展造成了一定的影响。私家车司机在没有任何社会保险的情况下进入服务行业，属于一种不正当竞争，也容易出现一些安全方面的问题。

很多共享经济企业称它们的服务提供者为“独立承包商”。企业要求这些服务提供者在服务的过程中坚守某些规则，却又不向其提供相应的福利。因此有关人士认为，企业应该为这些个体劳动者提供福利保障，如果企业不能做到，社会应该从保障个体劳动者的利益出发，通过其他方式为个体劳动者提供长期的保障和支持。

互联网公司在推行共享经济的过程中，安全性和可靠性问题是遭到质疑最多的问题。

任何一种新型经济的诞生和发展都会面临诸多的挑战，而共享经济发展的时间还比较短，还没有足够完善的法规对其进行有效的监管。互联网公司要想在共享经济领域有所发展，就需要一些创新服务的支撑。如何平衡创新服务与安全质量法规之间的关系？企业应该如何在满足消费者需求的同时，又不违背相关法规？为了能够增强其安全性和可靠性，有的企业已经开始通过建立和引进信用系统提升和改善信用状况。

## 7.2 汽车共享：共享经济时代的私家车

### 7.2.1 私家车租车模式

目前共享经济在交通领域的应用主要以汽车、自行车、飞机、轮船等交通工具的共享为主，其中应用较广泛的是汽车共享。事实上，交通本身就属于公共领域，交通空间、道路、航线等都可以共享。

由于人们出行的集中性，交通领域的共享显得尤为重要。私家车的购买成本及保养成本较高，而且国内私家车的使用率处于较低水平。一些一线城市的车主还要承担过高的停车成本。通过车辆共享，人们不用购买汽车或者亲自驾驶汽车，也可以享受到方便快捷的出行。在多种因素的影响下，私家车共享成为一大趋势。汽车易于共享的原因主要有以下几个方面：

（1）目前，即使是市场上较小型的乘用车，也能让两人同时乘坐；

（2）汽车的共享属于标准化服务，易于完成商业价值的变现；

（3）在移动互联网时代，共享信息的实时传递可以通过移动终端轻易实现；

（4）汽车的空置率较高，在车辆拥有者不使用汽车时，可以将其租借给他人，从而提升资源的利用率；

（5）相对于其他领域来说，交通领域的共享受信任问题的影响较小。一次出行共享持续的时间较短，而且很多情况下是发生在人流量十分庞大的公共场所，参与共享的人们不必充分了解彼此的详细信息。

汽车共享模式主要包括私家车租车、私家车搭乘及私家车拼车 3 种类型。下面我们先来分析私家车租车模式。

私家车租车也被称为 P2P 租车、C2C 租车。租车平台仅作为私家车主与有租车需求的用户之间的中介，其自身不拥有车辆。国外的私家车租车平台主要包括 FlightCar、RelayRides、Getaround 等；国内的租车平台主要包括宝驾租车、友友用车等。友友用车的租车流程，如图 7-1 所示。

私家车租车平台面对的竞争者主要是传统的 B2C 模式的专业租车公司，如神州租车、瑞卡租车、一嗨租车等。此外，一些汽车制造商成立的租车公司，如东风日产成立的易租车等，也对私家车租车平台的发展造成了一定的影响。这种竞争主要表现在租车费用、汽车类型的丰富度、车辆交接的便利性等方面。

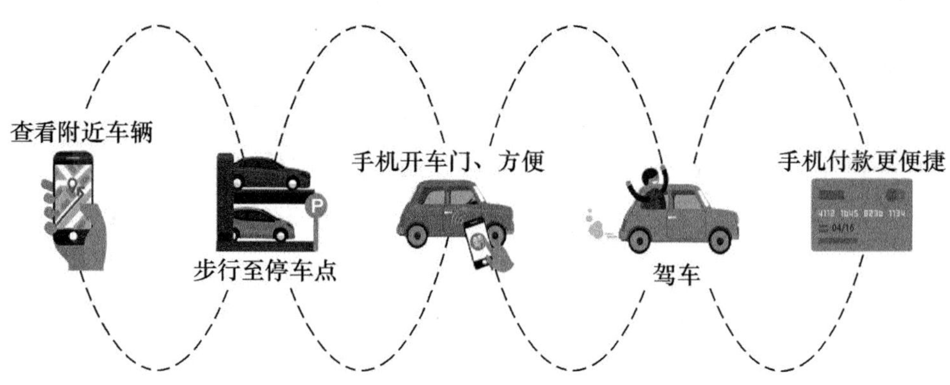


**图 7-1　友友用车的租车流程**

事实上，C2C 租车与 B2C 租车之间并没有严格的限制，如来自新加坡的中国首家 P2P 租车创业公司 PP 租车，通常会选择与传统的 B2C 租车企业合作。B2C 企业负责提供汽车，而 PP 租车平台则负责吸引用户。

私家车租车包括车辆短租及长租两种类型。相对于私家车搭乘来说，私家车租车的规模较小，造成这种局面的原因包括：大部分选择车辆共享服务的消费者是为了避免开车的困扰、私家车租车对信任度的要求更高、车辆交接流程比较烦琐等。因此，私家车租车平台往往更侧重线下运营。

对于信任问题，除了通过实名登记及行车记录仪等方式外，国内众多私家车租车平台还尝试从多个角度解决这一市场痛点，例如，凹凸租车强调社交属性，通过车主与租客之间的面对面交流，建立彼此的信任；人人租车把用户细分为机场出行的有车一族，以机场为交接点，交易双方以车易车；友友用车主打“小区化”，把交易双方限定在居住地相距不远的小区，从而有效规范车主与租客的行为。

私家车搭乘模式的发展对租车模式产生了两个方面的影响：其一是正

面影响，由于私家车搭乘的普及，更多的私家车车主放弃自己驾车，从而为私家车租车提供更多的汽车资源；其二是负面影响，私家车搭乘给人们提供的优质的出行服务，使人们的传统租车需求明显下降。

## 7.2.2 私家车拼车模式

国内庞大的私家车数量，决定了拼车市场广阔的发展前景。拼车软件尚未出现以前，就有许多人在各大社交媒体平台上发起拼车，如许多在北京、上海等一线城市上班的白领，自发地建立QQ群，用于满足成员的拼车需求。此后，许多创业者看到了机遇，创建了许多PC端的拼车网站，如AA拼车及顺风车等。目前，拼车领域涌现了几十家创业公司，市场竞争日趋激烈。

拼车市场中主要以上下班拼车及长途拼车为主，可以分为一对多拼车及一对一拼车两种形式，其车辆类型有私家车、大巴等。大巴车的主要来源是各大巴士租赁公司。大巴车共享除了能满足个人的上下班需求之外，还能为企业级用户提供班车服务，从而使企业员工的出行成本得到有效控制。

尽管拼车模式具有广阔的市场前景，但整个拼车市场规模一直未有较大的增长。在其他互联网交通出行方式相继迎来爆发式增长的移动互联网时代，拼车市场显得有些冷清，其原因主要包括以下几个方面。

**◆合法化之后的拼车市场仍面临安全问题以及价格问题**

安全问题的解决方式与其他共享经济模式的解决思路并无太大的区别，主要包括实名认证、双方评论、引入第三方金融机构担保等。

价格问题可以从乘客及汽车车主的角度进行分析。对于前者来说，拼车所提供的服务与打车并无太大的区别。在价格上给予一定的优惠，消费者才会选择操作更烦琐的拼车服务；对后者来说，他们需要找到介于作为上限的打车价格与作为下限的油耗增加费用之间的平衡点，从而弥补自己在拼车交易过程中的沟通、议价、汽车损耗等成本。

**◆相对于搭乘模式而言，拼车模式的限制条件更多**

由于平台用户规模不大、行车路线不固定，拼车匹配成功率较低。在那些行车路线固定的拼车中，平台用户很容易与车主绕过平台进行交易。另外，其他出行模式，如打车、私家车搭乘成本的大幅下降，对拼车模式的发展也有一定的限制。

**◆拼车市场的前景存在一个难以突破的瓶颈**

当私家车搭乘及打车服务的价格更低、使用更方便时，人们购买及使用私家车的意愿会明显下降，以私家车为主导的拼车市场会受到巨大冲击。在打车服务的价格下降至普通大众都能接受的水平时，仍旧自己驾驶私家车的人多数是不在意价格的人，这个群体的拼车意愿也不会很高。

### 7.2.3 私家车搭乘模式

在私家车搭乘领域，国外市场主要包括：有“出行共享领域鼻祖”之称的 UBER、专为老年人及未成年人出行服务的 Shuddle、强调社交文化的 Lyft 等；国内则有注重标准化的滴滴专车、意欲从车源上重新定义“汽车共享”的易到用车等。

不难发现，UBER 强调的“私家车搭乘”与出租车打车模式存在明显的差异。而私家车搭乘模式与私家车拼车模式的市场定位有重合，除了要面对彼此之间的竞争外，还要与传统出租车公司、传统的商务用车公司、近几年崛起的互联网商务用车公司（神州专车、AA 租车等）、出租车打车应用平台（Hailo、滴滴、Flywheel）等争夺市场。

在拼车中，车主与乘客就行车路线达成一致，双方共同承担汽车的出行成本。事实上，拼车模式与搭乘模式并没有清晰的界限。许多拼车模式及专车模式的私家车车主为了避开监管，往往会以商务租车及拼车的名义载客。现阶段，国内交通行业存在的问题是由多种因素造成的，短时间内很难改变。

私家车搭乘模式的优势主要包括两个方面：其一，提升了私家车资源及司机资源的利用率，弱化了出租车牌照监管，以市场需求为导向，满足了更多的消费需求；其二，通过移动互联网技术进行数据挖掘及信息匹配，使用户的出行效率及汽车的利用率大幅提升。目前，私家车搭乘模式面临的问题主要是政府的监管、出租车公司及司机的抵制、安全问题等。

私家车搭乘是较早应用共享经济的领域，经过长时间的发展，在一些地区已经形成相对成熟的运营模式。在美国洛杉矶，私家车搭乘模式对当地人的出行选择及传统出租车行业带来了巨大的影响。

现阶段，以 UBER 为代表的私家车搭乘平台，正在加快市场布局的进程，争取把私家车搭乘市场做大做强。为了击败同行业的竞争对手以及传统的出租车公司等，这些用车平台也在通过各种形式的优惠、补贴等手段，抢占更大的市场份额。在巨大的竞争压力下，私家车搭乘平台还需要不断提升自己的产品及服务质量，快速形成自己的核心竞争力。此外，它们需要处理好与监管部门的关系，争取得到更多的政策支持。

### 7.2.4 汽车厂商的应对策略

未来，随着私家车搭乘及租车的不断普及，车辆供给方与有租车需求的用户之间的匹配成本越来越低、效率越来越高，人们的出行服务体验将不断优化。随着共享租车模式带来的车辆使用率的不断提升，其对汽车销量的影响越来越凸显。虽然现阶段尚未对汽车生产商带来太大的影响，但已经有许多汽车生产商开始主动出击，如汽车生产商自己开展租车业务等，从而有效应对潜在的风险。

从本质上来说，宝马集团、戴姆勒集团为消费者提供的汽车共享服务仍属于 B2C 租车范畴，但是与传统的出租服务相比，它们进行了一些创新，如不再按天收费，而是按分钟收费；通过移动终端的 LBS 服务用户可以随处租车还车，优化了租车流程，等等。这些策略有效提升了汽车的利用率，相对于传统租车模式，消费者的租车模式有了多样的选择。

◆ 宝马：DriveNow

2011 年 6 月，宝马集团与拥有上百年历史的汽车租赁巨头 Sixt 合作，共同出资成立了 DriveNow 公司，并把德国慕尼黑作为首个汽车共享服务市场，从而有效应对未来共享租车平台带来的巨大冲击。

用户只需要打开移动终端上安装的 App，即可搜索附近可用的汽车，而且使用完以后不必到交接点还车，只需要把汽车停放在就近的安全归还点即可。

从 DriveNow 公布的数据来看，2017 年，其在北美、欧洲和中国等 8 个国家都有布局，车辆总数达到了 13900 辆左右。

DriveNow 英国市场的高层管理人员表示，与传统的租车服务的明显差异便是企业所强调的用户自主性。这种无须预定即可随时享受租车服务的高效、便捷的运营模式，为 DriveNow 带来了强大的核心竞争力，充分迎合了人们生活节奏不断加快的需求。

在伦敦地区的 DriveNow 租车服务中，新用户需要花费 29 英镑（约合 278 元人民币）的注册费用，租车后将按照每分钟 39 便士（约为 1.5 元人民币）收取租车费用；如果是活跃用户，每分钟的收费将下降到 32 便士（约为 1.2 元人民币）。而且只要用户在 facebook 上传一张 DriveNow 旗下车型的图片，即可领取由 DriveNow 提供的 100 分钟免费租车服务。

DriveNow 的高管在接受新闻媒体的采访时表示，在欧美发达国家，与老一辈“人手一车的观念”不同的是，越来越多的年轻人热衷于资源共享。

◆ **奔驰：Car2Go**

2008 年，戴姆勒集团成立了汽车分享公司 Car2Go，其主要车型为 Smart ForTwo，这种小巧灵活的汽车在交通拥堵的城市中具有明显的优势，更容易获得消费者的认可。

与 DriveNow 一样，Car2Go 也是按分钟收取租车费用的。用户只需要使用随身携带的智能手机即可打开车门，在车内按照提示输入密码后，就能得到钥匙。到达目的地后，将汽车安全地停放在指定运营区域的公共停车场即可，省去了传统租车模式下烦琐的还车流程。

# 第 8 章

# 互联网 + 客货运输：

## 新常态下的跨界融合

## 8.1 互联网＋客货运输：构建运输管理网络平台化

### 8.1.1 公路货运业的变与不变

近年来，公路货运行业的商业环境发生了巨大的变化，而且这种变化在移动互联网的推动下大有愈演愈烈之势。但是公路货运中的两大参与主体——发货人与承运人没有做出相应的调整，仍在沿用传统方式进行议价、货物交接、管理、对账结算等。这种商业环境与工作方式不匹配所引发的一系列矛盾，使货运行业的发展遇到了严重的阻碍。

对发货人而言，运输服务似乎越来越无法满足客户的需求，客户的抱怨越来越强烈；对承运人来说，他们发现投入的精力越来越多，而所获得的利润越来越少，发货人的满意度也没有得到明显提升。

事实上，这种情况不只在国内有，在世界范围内也普遍存在。互联网出现以来，货运行业的各路玩家在积极寻求突破，由此诞生了一些新的模式，如网络平台、App 应用、区域联盟、干线直营等。结合国内外公路运输行业的发展趋势，从宏观角度上看，运输管理平台化是被人们普遍认可的。

承运人快速高效地完成货物运输，运输成本得到有效控制，并带给发货人良好的服务体验，是运输行业良性发展的重要标志。运输业要想达到这种效果，必须对货物运输进行系统化的管理。

我们要想真正了解运输行业网络平台化的发展趋势，就要从运输管理的本质上进行分析。运输与运输管理在本质上存在着较大的差异。前者是将货物从一个地点运送至另一个地点，而后者是对运输活动进行有效管理。一般情况下，运输管理主要包括以下几个方面：

★物流运输资源的采购、对运输资源进行有效配置、制定并执行运输计划等；

★对各种形态的运输进行管理，如零担、包裹、整车、短途及长途等；

★促进单个车辆、整个车队及物流网络的有效使用，协调各个组织机构实现高效运输；

★对货物、资金、业绩、运输信息、单证文件（单据、文件、证书）等进行管理。

无论是传统的物流公司，还是有互联网基因的物流平台运营商，在如何提升运输管理能力及效率方面都进行了诸多尝试。通过有效的运输管理，最终实现运输成本有效降低、承运人高效运输、发货人享受优质服务，成为公路货运从业者不断努力的方向。

### 8.1.2 运输管理的痛点和关键

多家物流公司在制定并执行运输管理方案时，将太多的精力投入承运公司、承运路线的价格及效率方面，忽略了运力网络化的实现。这在一定程度上限制了运输管理效率的提升。只有多方位地提升运输管理能力，才能有效提升物流供应链的效率，并提高物流行业的盈利能力。

承运人为了满足日益多元化及个性化的运输需求，只能不断增加运输车辆、开辟新的运输路线、购入新设备。即使他们全力满足客户的需求，仍无法跟上发货人需求的快速变化，再加上运输成本不断上升，必然会使许多承运公司陷入发展困境。

如果承运方不借助由多方物流服务商形成的物流网络，即使公路货运行业中最大的物流企业也无法满足物流供应链上的所有需求。第三方物流服务商通过人工客服或者系统帮助客户与其他主体实现有效连接，但其连接效率处于较低的水平，在时效性较强的物流行业，注定了这种模式不会有太大的发展前景。

因此，业内对运输管理网络平台化发展的呼声越来越高。这种网络是实现货物运输的重要基础，它不仅包括信息网络，也包括承运网络。平台是价值链中多个运输价值创造主体（发货人、承运人、第三方物流服务商、收获人、金融机构等）进行交易的开放空间。

运输管理的网络平台化模式并非近两年才出现的新概念。美国的罗宾逊全球货运有限公司、Landstar 公司等是实现平台与网络有效连接的经典之作；国内的淘宝、京东也是把物流、信息流及资金流整合到平台上，从而实现了跨越式发展。

近几年，以甲骨文为代表的运输管理系统开发商，在把单个系统升级为平台化系统方面投入了大量的资金，并且取得了明显的成效。通过这种平台化的系统可以将更多的承运人连接起来，打造成一个庞大的承运网络。

国内公路货运行业巨头卡行天下，自 2010 年开始打造覆盖整个中国市场的网络平台以来，掀起了国内物流行业的新风暴，中国货运行业的网络平台时代也由此拉开了序幕。

2017 年，卡行天下将以线上线下同时发力，打造创新供应链模式。线上继续打造闭环的物流交易平台，不断完善产品场景化；线下将积极打造枢纽 + 园区 + 运输成员 + 卡车 + 配送伙伴 + 门店的运营模式，实现货源的聚合，降本增效，实现一网发全国、一票到底的无盲点生态体系建设。

### 8.1.3 构建运输管理网络平台化

目前，运输管理的网络平台化仍处于初级发展阶段，随着互联网技术的不断发展及应用成本的不断降低，运输管理网络平台化将迎来快速发展期。未来的运输管理网络平台化将呈现以下发展趋势。

**◆运输管理网络平台化的覆盖范围将不断扩大，并实现跨越式发展**

其影响力从最初的包裹、零担、整车发展到车队，最终海运、空运、陆运将通过网络连接到同一个平台。世界范围内许多物流公司及物流服务开发商，都在通过自己的努力把其变为现实。从行业发展的宏观角度上来说，运输管理平台的网络全球化将成为必然的结果，但在其发展过程中会面临实现本地化的巨大挑战，能够与各个地区的本土化平台进行战略合作将是关键所在。

**◆运输管理平台与实体网络的无缝对接，将促使整个物流行业健康、可持续的发展**

实现信息平台的网络化很困难，信息系统进行信息交互的过程要在承运网络平稳运行的基础上实现，这就决定了运输管理平台必须是一个涵盖信息系统、平台社区及实体网络的开放场所。发货人、承运人、收货人、第三方物流公司等主体在同一个信息平台中交易，货物在实体网络中低成本、高效率运转，两个系统相互支持，最终实现运输管理的巨大突破。

**◆运输管理平台将影响公路货运产业链上游**

一方面，运输管理平台将直接参与仓储环节，与供应商对接，对库存提出有效指导；另一方面，通过运输管理平台 GIS 与 GPS 技术，运输管理平台将得到更为广泛的应用，有效提升运输效率，减少人力资源及汽车车源的浪费。

◆ 运输管理自助化

随着移动互联网的不断发展，运输管理越来越趋于自助化。未来，发货人可以直接在手机上进行物流服务采购、下单、支付等，甚至还可以获得融资、购买保险等。

◆ 运输管理平台中将加入媒体及社交模块

运输是由货主、承运人、第三方服务商、收货人等构成利益相关体后所产生的一种服务。它涉及状态信息的交互、各种文件的共享等，为此运输管理平台需要加入一个具有类似朋友圈功能的新模块。

◆ 智能技术及穿戴设备在运输管理平台中将得到广泛运用

美国许多地区的仓库应用了语音控制技术、分拣机器人及穿戴设备，有效提升了员工的工作效率，未来这些技术在运输管理平台中也会释放出巨大的能量。

◆ 运输管理平台将协助企业进行管理决策

运输管理平台的出现，使货主在采购物流服务之前能进行数据分析，可以与企业以往的采购数据对比，也可以与同行业的数据对比，从而在议价方面有更多的主动权。接入互联网的运输管理平台能够掌握大量的数据资源，从而对企业的决策进行有效管理。

◆ 运输管理软件公司向平台公司转型

运输管理平台的开放性及共享性，决定了只为单一类型的客户提供物流运输管理系统的企业将难以生存。无法与其他系统进行沟通交易的封闭式运营管理系统最终会被淘汰。因此，一部分物流运输管理系统开发企业被收购兼并，少部分企业向平台公司转型。这些系统开发商在转型后，会成为各方进行信息传递、支付交易、运营管理的整合平台。

◆发货人在选择满足自己需求的承运人方面，将更加自由、更加灵活

目前，规模较大的货主一般会与承运人签订长期的合作协议。而运输管理平台化可以使发货人随时进行物流服务采购、追踪、筛选等，货主可以不与承运人签订长期一对一的合作协议，而且这种平台化采购能有效降低货主的物流服务采购成本。通过平台，货主可以在全国甚至是全球范围内进行采购，不用在各个地区设置负责管理采购业务的办事处。

◆承运人及第三方物流提供商将实现专业化运营

专业化运营可以使承运人及第三方物流提供商更加专注自己擅长的、盈利能力更高的、运输效率高的领域。同时，运输管理平台的社交功能、媒体功能可以真实地反映物流服务商的服务水平，那些无法提供优质服务的商家将很难生存。

## 8.2 互联网＋客运：车辆供给与出行需求无缝对接

### 8.2.1 “互联网＋”整合与共享客运资源

“互联网＋”时代，互联网已经不只是单一的行业，它成为国民经济增长的强大推动力，有效促进了企业产品及服务的创新发展。互联网在客运经营、客运管理等领域的应用，涌现了以车辆动态监督、联网售票、

出租车智能监控为代表的新兴业态，并极大地提升了人们的生活水平。

滴滴出行、易到用车、神州专车、UBER 等互联网出行服务平台的崛起，一方面使人们可以避免车辆限行、公交拥堵、打车难、司机服务态度差等问题的困扰，充分享受优质、高效、低成本的出行服务；另一方面传统出租车、汽车租赁等行业受到了巨大的冲击，诞生于移动互联网时代的打车、专车、拼车等出行服务，把传统租车领域的市场竞争从相对独立的线下市场转移至开放共享的线上平台。

专车平台的出现，使拥有闲置车辆资源的车主与拥有租车需求的用户无缝对接。车主把自己的车辆信息按照提示输入平台后，平台系统会将其与有租车需求的用户相匹配。如果消费者对汽车的车型、价格等比较满意，在线下单后，即可与车主预约进行线下车辆交接。

拼车模式的出现，为人们的出行提供了更多的选择。拼车软件的操作流程和打车软件并没有太大的区别，用户与车主只需要将自己出行的上下车地点输入移动客户端，平台的处理系统就会自动匹配，从而为用户提供优质的出行解决方案。拼车服务价格较低，而且车友之间能够交流互动，为人们的出行增添了许多乐趣。

互联网时代，客运行业的资源整合发生了重大转变，打车、拼车、专车等新兴的出行业态的背后有共享经济的身影。以往由于信息不对称，很难实现多种资源的共享。移动互联网技术的应用，使许多以前不可能实现共享的资源，能被所有人使用，商品的拥有权与使用权发生分离。

移动互联网时代，共享经济在租车行业的强大影响力使我们不得不对共享经济的未来给予高度的重视。2014 年全球共享经济的市场规模约为 150 亿美元，保守估计其在未来一段时间内的年均复合增长率为 36%，到 2025 年其规模将会增长至 3350 亿美元。未来会发生什么，我们很难给出明确的答案，但共享经济的崛起已经成为一种主流发展趋势。

互联网自出现以来，就展示了其对社会资源的强大整合力，以专车、拼车为代表的新型交通产业能有效地整合私家车资源，提升社会资源的利用率，改善人们的出行服务体验。移动互联网技术的突破，使人们资源共享、沟通交流的成本大幅度降低，而且人们只需要花费极少的成本，就可以享受到优质的共享资源。

2015 年 1 月，庞大集团推出了新能源汽车互助租车项目，其发言人表示，企业将以北汽集团的 E150、EV200，比亚迪的 DENZA 腾势新能源电动车为依托，为北京深受限行、限购、打车难、交通拥堵困扰的上班族提供一套完善的出行解决方案。

2015 年百度发起的"我的 2014 年上班路"互动活动公布的数据，北京地区的平均上班距离为 18.2 公里，平均单程用时约为 52 分钟，公交车与地铁的单程费用均为 5 元，而打车费用需要 53.6 元。如果 5 个人租一辆 E150 电动汽车，单程费用最低为 6.5 元，仅需花费打车费用的 1/8，这使人们的出行费用得到大幅度降低。

与以往相比，线上平台有更丰富的数据资源，并扩展了人们可以交易的物品范围。资源共享平台的出现，使闲置的资源得到充分利用。私家车成为出租车、温馨的房子成为别有风情的乡村旅店等，多元化的资源共享，极大地丰富了人们的生活。

"互联网 + 客运"，就是要打造一个实现车辆供给与客户出行需求无缝对接的线上平台。这将会极大地改变人们的出行方式，"互联网 + 客运"的发展，将会为建立居民生活更美好、城市和谐、经济可持续增长的"智慧城市"做出巨大的贡献。

哈佛商学院的教授南希•科恩（Nancy Koehn）表示，共享经济模式对传统消费模式的巨大影响力主要源于以下三个方面。

消费者得到了更大的主动权及知情权。人们在日常生活的各种消费场景中，时常会被模糊性、波动性、复杂性及不确定性困扰。而共享经济模式下，人们的自主决策能力将得到充分发挥，多方共同参与下的价值共创，使人们的知情权得到充分体现。

现阶段，人类面临的信任问题越来越严重。人们对当前的商业模式及企业组织机构的信任已经降至极低的水平，许多人对那些只顾维护自己的优势而提升行业壁垒的企业巨头很是不满。在共享经济模式中，消费者与商家除了交易关系以外，还能获得情感共鸣，这更加有利于彼此建立足够的信任。

共享经济模式中的参与者能获得更高的收益。消费者以更低的价格享受到了优质的服务，而物品供应者充分利用自己的闲置资源获得了资金收益。

在共享经济模式下，车辆资源的共享改变了以往运输资源的整合方式，更多的私家车可以参与到出行价值的创造中来，有效提升了社会资源的利用率。遭受较大冲击的出租车公司很可能成为牺牲品，接下来便可能是客运公司、客运站等，共享经济洪流中的出行领域将会迎来重新洗牌。

共享经济下，“互联网＋客运”所建立的综合出行服务平台，将充分连接车辆资源与客户资源，车主与出行者只要把自己的上下车地点通过移动终端输入平台，平台就会自动匹配，为消费者提供优质的出行服务。

### 8.2.2 “互联网＋客运”模式的发展路径

#### ◆管理部门的超前设计与主动推动

（1）制度创新。政府相关部门应该着力引导运输服务业的制度创新，针对互联网与运输服务业的结合，尽早制定出相关的管理制度，防患于未然，否则等到运输市场彻底混乱以后，再对其进行控制，不仅见效慢，而且成本会更高。

（2）安全管理创新。UBER 为了解决安全隐患问题，在每辆出租车上都安装了 GPS 定位系统，实行司机实名制，并提供司机的真实照片、驾驶证件部分信息及车辆信息等。

（3）监管技术创新。进入 4G 通信时代以来，车辆动态监控技术有了明显提升，通过 4G 视频技术能够对驾驶员的行为进行有效监管，确保驾驶员为消费者提供优质的服务。

（4）安检技术创新。通过在汽车上安装安全检查系统，对乘客、货物等在上车之前检查，能够有效避免一些恶性事件的发生。

### ◆道路运输企业的主动参与和积极适应

（1）服务模式创新。颠覆以往通过车站连接车辆与乘客的传统服务模式，借助互联网方便快捷、实时交互的优势，进行服务模式的创新发展，充分满足人们个性化及多样化的出行选择。

（2）管理模式创新。在移动互联网时代，强调个体才能的充分发挥，企业应该把握这种内部管理发展趋势，在企业组织结构、人力资源与车辆资源配置方面进行调整，实现与市场运输需求的无缝对接。

（3）经营理念创新。“互联网 + 客运”模式下，企业需要认识到所有的车辆资源都可以实现共享的时代特征。在发展过程中，不断进行经营理念的创新，实现企业从“坐商”到“行商”的转变，为广大消费者提供更为舒适的出行服务。

（4）考核制度创新。变革以往形式化、流程化的考核标准，打造以服务质量为重点的考核体系，引入竞争机制，通过员工之间的良性竞争提升企业效益。

### ◆车站的建设和运营模式必须适应互联网发展带来的变化

车站的产生是由于一部分出行者进站乘车的需求。在交通运输产业不够成熟、车辆资源短缺、信息不对称的时代，这种需求十分强烈。此时，车站不仅是交通运输生产基地，也是集散中心与信息中心。

建设车站时往往要根据当地政府的城市规划，充分满足人们分散的乘车需求，因此通常在那些商业繁华的黄金地段选址，但是要想在那些地方建车站基本不可能，而且很多时候为了配合城市的商业发展，车站不得不一次次搬迁。车站选址要考虑城市整体规划、城市交通、城市治安管理等因素，这导致许多乘客必须转乘才能到达目的地。

在移动互联网时代，人们对车站的需求逐渐降低。当人们的出行需求不需要进入车站就能满足时，车站的地位会大幅度下降。因此企业建立车站时，有针对性地控制车站投入才是明智的选择。

另外，也要控制“零转乘”车站的建设。从本质上来说，转乘并非是人们的需求，更多的是由于交通运输的发展不够成熟，人们只能被迫转乘。客运行业以车站为核心的传统运作模式，随着互联网时代的不断发展将被淘汰。

目前，国内局部地区交通运输产业不够发达，车辆资源相对缺乏等问题仍旧存在，在这些地区还需要继续加大车站建设投入，但应该尽量控制好投入规模，减少不必要的资源浪费。

农村客运站目前处于一种尴尬的境地，在一些沿公路干道分布的农村乡镇中，由于是客车的必经之地，人们出行时只需要在路边招手搭车即可，基本不需要建立车站，但是建立一个能让出行的人遮风挡雨的场所是非常必要的。不位于公路干道旁的农村乡镇，往往人口较少，一般仅有少量的客车，人们出行也是以路边招手打车为主，同样在这些地区只需要建立一个简易的招呼站即可。

现实中，许多农村地区的客运站在建设完成后，去车站乘车的人很少，人们还是选择传统的路边招手搭车的方式，久而久之客运车也不再进站，而是选择停在路边，上车的人到达一定的数量后就开始发车。许多建好的农村客运站最后沦为了养殖场，造成了极大的资源浪费。

所有的传统产业都能与互联网发生“化学反应”，那些尚未被互联网改变或者改变不明显的传统行业，必定蕴藏着巨大的商机，甚至能诞生一个新的商业格局。通过与互联网整合，每个传统行业的细分领域都可能爆发巨大的能量。

回顾几次工业革命的发展历程，从最初的蒸汽机到电力的大规模应用，再到信息技术、新能源技术，许多行业在这个过程中发生了重大的变革。蒸汽机应用以后，传统印刷行业的生产效率得到快速提升，大量的书籍被源源不断地生产出来，推动了人类科技的传播与发展；而电力大规模应用后，收音机、电报机、电视机等的发明提升了信息的传播效率。互联网出现后，信息传播与通信的变革与其相似。

传统行业完全可以把互联网当成第三次工业革命或者其组成部分。因此，传统行业不用对互联网的出现感到恐惧，它并非是一种新的经济形态。在互联网未被发明以前，金融业也能够找到自己的生存方式，银行可以通过账本记录每笔款项，股票交易所通过叫号的方式也能达成交易。互联网出现以后金融开始电子化、数据化。我们有理由相信互联网会为传统产业带来更多的发展机遇。

互联网的不断发展，推动了移动互联网技术、通信技术、传感技术等不断突破，深刻改变了人们生活的各个方面，以信息技术驱动传统业态转型升级成为社会关注的焦点。

“互联网 +”既然属于创新的范畴，就必然会对传统市场格局带来一定的冲击，甚至产生颠覆性变革。而现有的行业政策、法律法规的调整速度能否适应科学技术的发展速度，能否适应互联网对传统产业的变革速度，需要政府部门给予高度的重视，并在相关的政策、法律法规的制定上进行一定的调整。

在“互联网+”时代，还有许多新的商业机遇、新的用户需求尚待挖掘。为此，客运企业应该转变思维方式，积极拥抱变革，以车辆资源共享的理念，不断降低人们的出行成本、提高人们的出行效率，最终实现企业的跨越式发展。

## 8.3 货运 O2O：突破公路物流“最后一公里”

### 8.3.1 货运 O2O 模式的三大趋势

近两年来，我国全面深化改革进入关键阶段，新常态下，中国经济实施结构性调整、提质增效、协同发展成为必然的发展趋势。在以道路运输为代表的国内公路物流市场中，各大企业通过实施“互联网 + 高效物流”战略在业务模式、组织结构、融资方式及产品与服务方面进行了创新发展，激活了公路物流市场新的活力，挖掘了巨大的市场价值。

一方面，针对道路运输过程中信息不对等、空载率高的行业痛点，部分企业通过运用信息技术对其进行了改造升级；另一方面，面对移动互联网时代行业之间跨界融合的发展趋势，一些企业拥抱变革，加快企业互联网化进程，为企业找到了一条新的发展道路。

但在物流行业的新兴商业模式与传统商业模式的激烈碰撞中，也暴露了物流行业转型及创新的难点。在这一背景下，能够打破当前不利的局面，实现公路物流突围的货运 O2O 应运而生，其三大趋势，如图 8-1 所示。

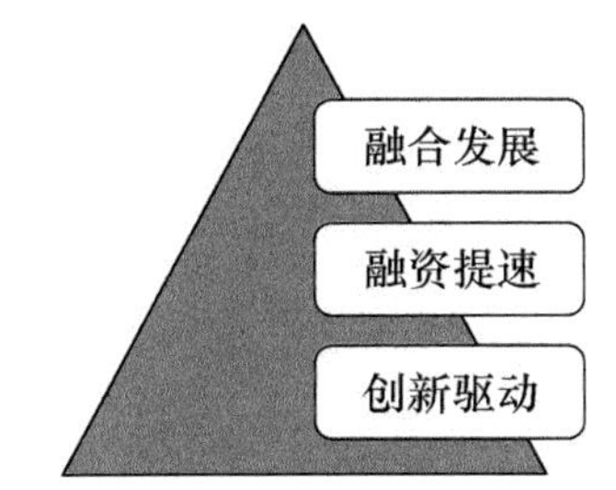


图 8-1 货运 O2O 模式的三大趋势

### ◆融合发展

近两年来，互联网货运 O2O 平台迎来了黄金发展期，速派得、货车帮、云鸟配送、运满满等平台服务商开始在国内公路物流市场发力。但互联网货运 O2O 平台在发展初期，业务重点主要集中于车货资源的整合方面，这必然会导致物流园区、物流信息网、第三方物流服务商的利润下滑，市场竞争将越来越激烈，各方利益集团为了自保，甚至有可能发生恶性竞争事件。

此外，物流信息网与线上货运 O2O 平台之间也容易发生恶性竞争事件，双方使用网络攻击手段，致使平台用户无法登录或者无法发布相关物流信息。这些事件给相关的政府管理部门敲响了警钟。

新兴企业与传统企业之间的激烈竞争，正表现了移动互联网时代物流行业所发生的激烈变革，旧有的商业格局将会迎来一次洗牌。但双方之间的竞争需要政府部门予以引导和规范，通过建立公平合理的市场环境，使二者优势互补，实现多方共赢的局面。

庞大的国内物流市场，足以满足传统物流企业与新兴货运 O2O 平台的协同发展。

### ◆融资提速

政府相关政策的出台、物流市场爆发的巨大能量，尤其是大量的

O2O 货运平台的出现，使公路物流领域受到了资本市场的格外关注。不仅新兴物流平台受到了资本市场的青睐，传统物流企业也在资本市场有所斩获。

这些巨额投资的背后，不仅有红杉资本、高盛、中鼎创投、真格基金等实力强劲的投资机构，百度、腾讯也出现在投资者名单中。诚然，巨额资本的注入能在一定程度上提升公路物流行业的发展速度，但由于物流行业的发展需要相关的基础配套设施建设及市场的培养，短期内这种跨界资本很难起到明显的效果。

近两年来，物流行业的投资增速有所降低，甚至一些物流行业的人士表示“资本寒冬”已经来临。事实上，这种现象的出现，一方面表现了公路物流市场的投资过热，整体投资热度已经放缓；另一方面，多家 O2O 企业的倒闭，使投资方的投资更趋理性。

### ◆创新驱动

针对公路货运“小散乱”的行业特点，大数据、云计算、移动互联网等不断涌现的新技术，再加上智能化、自动化的系统应用，使公路物流市场获得了很大的发展。

例如，林安物流携手中国物流与采购联合会（China Federation of Logistics & Purchasing,CFLP）共同开发了“中国公路物流运价指数”（FPI）。该指数通过运用先进的技术手段，精确地反映了在一定时间内国内公路物流运输价格的变化幅度与变化趋势，被物流行业的从业人员称为“公路物流运输供应与需求情况的晴雨表”。

基于大数据分析技术，阿里巴巴旗下的菜鸟网络研发出“菜鸟天地”“承诺达”“无忧物流”“预约配送”等优质的物流服务产品。菜鸟天地能让客户享受到覆盖分拨中心、物流干线及网点之间的订单全链路实时追踪服务。

以货车帮、云鸟配送、速派得、罗计物流为代表的互联网货运O2O平台，在技术、产品、服务等方面进行了创新。其中速派得研发的“多点取送”“智能路线规划”系统，能让平台用户通过官方网站、微信、App等多种形式，享受下单、交易、实时追踪订单等便捷服务。

### 8.3.2 货运O2O大数据：模式、平台及市场

**◆四大模式**

现阶段，公路物流互联网平台主要包括4种运营模式：物流公司众包模式、全民众包模式、货运O2O模式和自建物流模式。其中，运宝网、PP速达是物流公司众包模式的典型代表，人人快递、闪送等是典型的全民众包模式，货车帮、云鸟配送等是货运O2O模式，趣活美食送代表了自建物流模式。

现阶段，在公路物流互联网平台上，无论是何种运营模式，都需要有技术及资金的支持。在投资热度日趋放缓、投资机构更加理性的背景下，各大平台不能再过度依赖“免费模式”，而是应该站在物流商家与用户的角度上，对产品及服务进行创新发展，增强企业的自我造血能力，从而使平台持续稳定地向前发展。

**◆八大“平台+”产品**

在浙江义乌举办的第二届“世界互联网大会•互联网之光博览会”上，国家交通运输物流公共信息平台（LOGINK，又称为物流电子枢纽）在其以“连接，改变物流”为主题的新品发布会中，公布了8种“平台+”产品：快货运、跨境电子商务、宁波航交所“海上丝路指数”、四方物流、易代收、亿海蓝、要发货、园区通。

这8种“平台+”产品，既包括传统物流平台，也包括移动App平

台，涉及供应链中的生产、消费、服务、流通等多个环节，通过与拥有海量物流信息的 LOGINK（国家交通运输物流公共信息平台的英文标识）进行数据共享，实现了供应链上下游之间的实时交互，加快了我国公路物流互联网化进程。

◆“亿级”融资

近两年来，公路物流领域的企业融资迎来爆发式增长。融资规模包括很多等级。其中，有多家货运 O2O 平台获得了上亿元的融资。

融资规模的不断提高，一方面表明了资本市场对物流 O2O 市场十分关注，对公路物流平台的发展有较大的信心；另一方面也表现出物流 O2O 市场的发展需要巨大的资金支持。未来，公路物流 O2O 平台的大规模融资案例还会持续出现。

### 8.3.3 货运 App：公路货运 O2O 平台的抢滩之战

长期以来，我国的物流业始终存在信息对接失误率高的问题，即货物、司机、货主之间的联系易出现错位，极大地影响了公路货运效率。利用移动互联 App 召车已经在出租行业屡见不鲜，滴滴和快的打响的价格战更是让这一市场迅速升温，如今货运行业也加入了 App 电召的行列中。

尽管众多货运 App 的出现和竞争营造了货运行业平台发展的繁荣景象，但是诸多问题也随之而来，如信息准确度不高、市场不够集中等。

◆信息公布从小黑板走向手机 App

在我国交通运输行业中，公路货源的占比高达 80%，其重要性显而易见。公路运输市场的庞大从几个数据就可见一斑，如每年公路相关费用高达 4 万亿元，货主和物流公司的数量超过百万个。但是这个市场存在信息对接失误率颇高的问题，再加上转运环节繁杂，造成成本长期居高不下。

成本问题是我国物流的显著问题。中国物流与采购联合会发布的数据显示，我国近几年物流总量费用占 GDP 的比例为 18% 左右，这一数字远远超过全球平均水平，比美、日、德等国家高出 9.5 个百分点。物流成本高削弱了整个行业的竞争力，因此必须从信息化角度入手，对货源进行整合，降低成本。

最初在货源集合地，货主把货运信息和自己的联系方式登记在一块块小黑板上，然后货物司机就会聚拢上来挑选自己感兴趣的信息，和货主取得联系。随着网络普及率的提高以及终端设备的升级，开始有人试着通过网络展示信息，设备也由小黑板变成 LED 大屏幕。直到智能手机出现，移动互联网 App 走入货运行业的视野。

目前，货运 App 主要用于货主与司机之间的信息沟通，即通过平台收集大量的货主和司机的信息，双方可以选择自己感兴趣的信息，并通过 GPS 进行定位。此外，双方还可以在平台上随时、自主地发布信息。也就是说，App 平台为货主和车主提供了信息对接的渠道，并且给二者双向选择的机会。

王长宏是曹操物流网的负责人兼荣宇实业集团的董事长，2010 年，他敏锐地嗅到了物流行业的商机，立刻转型创办曹操物流网。2014 年，曹操 App 正式推出，主要用于免费提供货主和车主的信息。此外，曹操 App 还提供了一些特殊服务，如直升机救援等。当然，要想享受这类特殊服务必须缴纳会费成为他们的会员。

无论从盈利空间还是对整个物流成本的控制来看，曹操物流网的价值都不容小觑。按照会员会费中 60% 为成本来看，每个会员一年的会费是 300 元，若会员数量达到 200 万 ~ 300 万，利润就会上亿元。王长宏希望未来曹操物流网的发展能够得到企业和政府的支持，把物流成本占 GDP 的比率降低 1% ~ 1.5%。

身为运输管理软件开发商 oTMS 的联合创始人，段琰考虑到如今的物流转接环节过于复杂，层层分包的方式在货主和司机之间形成了重重阻碍，使货主不易直接了解货物和货主的具体情况。因此，他组织开发团队打造了 oTMS 系统以及两个 App。前者主要供货主或者物流公司使用，后者分别服务于司机和收货人。通过三方的共同使用形成信息的交流共享，任何一方都可以及时了解货物的状况，简化中间环节，避免重复沟通，如图 8-2 所示。

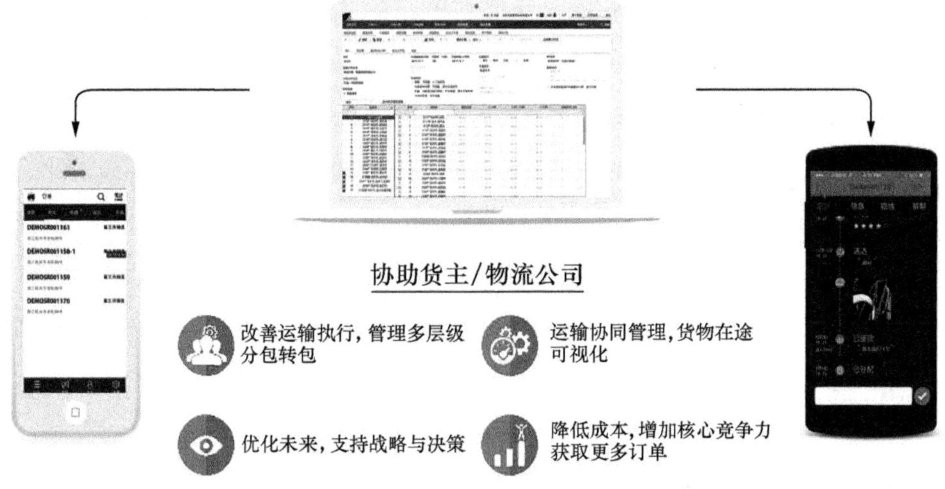


图 8-2　oTMS 打造的互联运输◆平台之间打响竞争战

现如今，互联网正飞速涉足各个传统领域，继零售行业被侵占之后，未来物流行业也不可避免。因此，货运 App 看准商机，争先恐后占领市场。有了零售业转型的经验，传统物流产业纷纷布局，推出自己的 App，以便在这场战争中抢占有利地形。

滴滴等打车软件的成功无疑给货运 App 和物流平台的发展注入了一针强心剂。随着资本的不断流入，越来越多的人看到这个行业未来集聚千万元融资的可能性，再加上成功案例的不断出现，很多人的兴奋点被挑动起来。

近几年，越来越多的货运平台获得大量融资。例如，oTMS 在 2014 年年底宣布完成 A 轮融资，由经纬中国领投注入 600 万美元；2015 年 1 月，一款同城叫车软件“货拉拉”斩获千万美元 A 轮融资；同一时期，“云鸟配送”也完成了自己的 A 轮融资，经纬中国、金沙江、盛大资本联合为其注入 1000 万美元。

如今，涉足物流 App 的企业主要分为 3 种类型，即传统物流业转型、物流信息和 GPS 从业者涉足 App 以及互联网企业打造 App，他们各自有自己的优势。第一类在传统的物流业积累了丰厚的物流经验；第二类对信息化了解较为深入，对于促进信息化与物流业结合也比较得心应手；第三类是单纯以互联网为基础开发新的产品，对他们来说，物流领域同其他客户并没有什么不同，只不过客户使用自己的产品，而自己获得市场盈利。

在平台初建时期，这 3 种涉足平台的人都在忙于构建自己的平台，而基本的酝酿结束之后，平台大战就会到来。为了在市场中取得优势，很多 App 推出了各种活动力图吸引用户，如装系统送手机、送加油卡、送现金等。

### ◆建立健全市场监管机制

尽管货运 App 市场呈现非常活跃的状态，但我们依然能够注意到，至今没有哪一款 App 表现出对市场的绝对占有率。原因在于货运本身与出租车行业存在本质的差异，出租车受政府直接管控，牌照固定化，市场发展流程较为单一，因此一旦有适合其发展的新模式出现，就容易抢占市场。

与出租车行业相比，货运行业的流程比较复杂，且周期长，范围广，市场格局过于分散。再加上传统物流运输的发展时间长，根基深，信息化程度很低。App 要想在如此庞大的产业获得优势，还需要花费相当长的时间培育市场。

另外，很多货主和司机对货运 App 的安全问题还存在疑虑。在货运 App 行业，车主通过 App 接单被骗、货主通过 App 发货丢失货物等现象屡见不鲜，这无论对货主还是车主来说都是不小的损失。因此，很多人在面对货运 App 时会考虑隐藏的风险，万一被骗该怎么办？所以还是用传统的方式比较稳妥。

现在很多 App 还是承担了与之前的小黑板一样的功能，即负责传递信息。小黑板上的信息出错，物流园区是不负责任的。价格、接货时间等需要货主和司机共同商议。目前很多 App 依旧负责双方的信息沟通，并没有涉及交易过程。未来，如果货运 App 要涉及交易过程，就必然承担相应的责任和义务。

信用问题是安全问题中的重中之重。在出租车领域，有乘客用打车软件叫了车，但在等车期间恰好看到一辆空出租车，就上去了，之前预订的出租车司机只好无功而返。在货运 App 领域也存在这样的问题，信用问题是很难完全避免的。无法在道德层面强制约束，就只能从制度上加以限制。举例来说，一个司机在某平台上的好评率高，信用等级高，平台就可以给他设置较高的星级，并向客户推荐这辆车，从而促使其他司机也积极提高自己的信用等级。这种做法实际上是从利益角度对用户进行激励，在市场经济条件下还是比较有效的。

任何一个行业走入发展的高峰之后，由于利益的驱使和竞争的加剧，各种问题也会随之而来。因此，在这个时候就必须建立健全市场监管机制。对货运行业来说，其运输距离长，且传统发展模式根基深，在进行信息化转型时要格外注意安全问题，无论是国家还是企业都必须重点关注 App 的安全。

未来的平台一定会朝着细分化方向发展，市场也会更集中，部分货运 App 会形成自己的市场优势，但难以做到全面占据市场。从发展趋势来看，如果有企业能占到市场的 10% ~ 20%，就已经是相当成功的了。经过几年的市场争夺，必定会有企业崭露头角。

# 第 9 章
# 互联网 + 物流：
## 构建新型的智慧物流生态圈

## 9.1 互联网思维对物流行业的影响与冲击

### 9.1.1 电商催生物流行业“野蛮生长”

电子商务经过近十年的积累，大大促进了我国物流行业的发展，如今，阿里巴巴、京东等在国外上市成功的商家越来越多，物流对他们来说越来越重要。因此，京东在运行过程中一直注重物流环节的完善；阿里巴巴于 2014 年成功上市后也宣布正式运营其物流平台。像京东、阿里巴巴这样的大规模电商平台自然懂得物流的重要性。

不过，那些以电商为主要顾客的物流公司，没有认识到自己的重要性。大部分物流公司的经营还是局限于传统思维，依靠在物流服务中收取的薄利进行运作，这些商家只顾着埋头苦干而不注意转换视角。其实，物流领域已经发生了很大的改变，主要表现为以下几方面。

**◆包裹量增多**

2017 年 7 月，国家邮政局公布的《2017 年上半年邮政行业运行情况》显示，2017 年上半年，全国快递累计完成 173.2 亿件，同比增长的同时许多快递企业加大科研投入，向科技公司转型，运用智能物流仓储等技术手段，推动快递行业的转型升级。

◆物流需求发生变化

当大部分物流公司以合同物流为主要发展对象时，电商对物流的需求越来越明显；而物流公司展开对电商服务的竞争时，O2O及C2B对电商的需求也突显出来。不仅如此，阿里巴巴、京东等企业也开始注重自己在物流环节的发展规划，越来越多的物流企业发现了新的领地。面对这样的情形，传统物流企业是否意识到它们应该调整一下自己的方向了呢？

◆物流上游业态的加速变革

传统的商业思维主要指工业化思维，2014年，互联网思维取代了之前的思维方式。如果立足于商业领域的供应链，供应链模式与以往也有所不同。

工业化思维主要是通过大规模生产，在各种消费渠道发展末端的消费者，库存销售是其主要的供应方式；互联网思维下的经营方式有所转变，C2B模式在消费者与商家之间建起了联系的渠道，这个模式已经成功应用到多个行业的经营过程中，海尔家电的DIY模式代替了传统的经营方式，特斯拉汽车的经营模式代替了底特律的汽车生产模式。在互联网思维下的企业销售，由库存销售过渡到信息共享模式，物流服务的经营方式也相应地不再维持传统。

互联网思维的运用，促使了C2B模式的运用和线上线下一体化模式的结合，物流服务将逐渐趋向批次和频率的双向提高以及批量的降低，传统的物流服务模式将逐渐被取代，对快递的服务需求将逐渐增多，物流企业要抓住这个难得的时机，促进自身的发展。

因此，互联网思维的运用将促使物流上游业态的变革，如果物流企业不能适应市场需求的变化，有可能会在竞争中落败。

### 9.1.2 “互联网思维 + 物流”的商业机会

◆ **物流平台互联网化**

在我国物流领域领跑的平台，包括最后一公里平台、零担物流平台、快递平台、物流运力资源平台、公路港平台等，从宏观的视角看待物流平台的走向和其价值，这些平台之间并不是独立运转、毫无干系的，它们联在一起组成了我国物流的整个生态圈。

近两年来，我国物流领域中的平台化企业不再停留在探索阶段，只是还没有形成物流平台化的业态，我国的物流企业还在以传统方式运作，应当如何改变传统的思维模式?

阿里巴巴、360、小米的经营模式能够为物流企业带来启示。

★阿里巴巴的经营方式能够为物流平台企业提供一些借鉴经验。阿里巴巴不从上下游中拼命争取利润，而是立足于平台，突出强调信息、金融、营销等的价值，事实上，通过物流平台达成的交易也很多，经营过程也突出了大数据的作用。阿里巴巴的平台经营方式是对互联网思维的成功实践，能够为其他商家提供宝贵的经验，而物流平台也能为小型物流公司的发展提供机会。

★小米的经营方式为物流平台企业提供了经验。其利润的绝大部分并不是来自手机，主要是手机配件和其他增值服务。而且，物流平台将上下游结合起来经营。

★360的经营方式也能够为物流平台提供借鉴。在竞争对手瑞星、金山展开激烈争夺时，360为用户提供免费服务，使网络杀毒软件轰轰烈烈的竞争局面被打破，如今杀毒软件成为免费软件，360的思维模式一反传统，首先吸引更多的消费者，为自己的发展做铺垫。

近几年来，互联网思维在物流行业的应用极大地推动了物流企业信息化的快速发展，如互联网物流交易平台的推出、物流园区与互联网的结合等，这一模式未来将得到进一步的拓展，并产生巨大的效益。

互联网的应用突破了时空的局限，物流平台需要改变传统的思维方式进行变革。如果不能实现技术升级或升级，就需要转换角度，创新商业模式。

◆物流领域发展粉丝经济

多数人认为物流行业的发展会比较稳定。这是因为物流企业虽然在物流服务中得到的利润不是很多，但其在经营过程中能够获得营销及商业所需的大量信息。在移动互联网时代，如果能够确保信息的安全，物流企业掌握的大数据和营销信息将发挥巨大的作用，由此产生的效益是难以想象的。

以快递为例，2017年上半年，全国快递累计完成173.2亿件，同比增长30.7%。按中国14亿人口来说，相当于每人收到12.4个包裹。物流企业可以分析这些网购客户的位置、偏好以及网络消费的频繁程度等，并借此发展粉丝经济。

充分开发物流领域的粉丝经济，利用微信或手机程序为用户提供追踪服务，以此获得顾客的数据，提高营销的针对性。顺丰和百世物流就是通过这一方式经营的，该方式使物流企业提高了用户的依赖性，获得了更多用户的青睐。例如，顺丰速运和顺丰优选结合的经营方式就是把快递会员和电商平台连接在一起。

物流企业利用获得的大量用户信息延伸营销功能。例如，陕西落地配企业黄马甲提供的物流服务仅仅是落地配的一个组成部分，营销功能也是重要的组成部分。蚂蚁物流是成都著名的物流企业，蚂蚁为用户提供的搬家服务能够将末端触角延伸到大量用户群中，以此促进目录式营销的开展，获得用户群的信息。实际上，物流服务并不能为蚂蚁带来多大的利润，不过物流能够获取用户信息，从而促进其他营销活动的开展。

许多人认为 to C 是粉丝经济的主要模式，事实上，to B 也能够将粉丝经济运作得很好，可以将物流需求方的需求和能够引起他们注意的信息集中起来，辅助物流需求方建设成为其高层服务的平台，就能大大提高用户的依赖性。

物流企业能够与用户直接接触，因此应该转换传统的思维方式开拓粉丝经济。

**◆信息传递更加快捷，带动行业供求及运营监控向平台化发展**

移动互联网的普及促进了经济的发展，使商家与消费者的互动更加方便、快捷，也提高了交易的安全性，那么，将互联网运用到物流企业的运营中会发生什么变化？

★发货方与物流企业的交易会变得更加扁平化，但是短时间内还不能完全脱离信息中介，原因在于中介方也在努力跟上互联网时代的步伐。无论如何，交易环节的更加便捷，将带动行业的进步和发展。

★物流运营数据监控的可视化程度提高。以物流链云平台为例，其可视化监控系统运用计算机图形学和图像处理技术，把数据转换为图形或图像在屏幕上显示出来，更直观地展现了这些信息，帮助管理者进行调运、异常订单处理等重要决策，为其带来更多的经济效益。

★物流园区和公路港平台的连接也会带动信息交流向扁平化方向发展。

信息传递更加快捷，是物流领域发展的方向，这在一定程度上会对传统物流企业造成冲击，新的经营模式最终会取代传统模式，革除其弊端。

◆众筹模式促使物流领域的革新

众筹模式是互联网经营方式的组成部分，将资本众筹和资源众筹方式运用到物流领域，都将促进物流领域的革新。

★3W咖啡就是运用互联网众筹模式发展起来的例子。其经营过程中积累的经验能够为物流领域的发展提供借鉴，促使物流企业形成自己的商业平台。3W咖啡在前台运营中发挥了资本众筹的作用，后台则应用了资本众筹，这两方面可以为物流企业运用众筹模式带来启示。

★快递及零担在发展过程中运用了运力整合的方式，在2014年和2015年，社会化的整合方式迅猛崛起，物流领域的运行有其商业逻辑，有些企业因为不清楚该领域的运作方式而在竞争中惨遭淘汰。如果将这种方式以正确的思维运用到实践过程中，会为物流行业的发展开拓更广阔的空间。

国外的许多企业采用了众筹模式，但是在我国，尤其是物流领域，还没普及开来，还需要经历一个漫长的发展过程。

◆营销方式的变革促进物流的发展

如今的客户对物流的要求越来越苛刻，这使物流企业的运营更加艰难，针对这种情况，物流企业是否真正把握了客户的核心需求，是否能够凭借自己高品质的服务吸引更多的客户并提高客户的依赖性、培养成长期用户呢？

产品内容的重要性日益提高，互联网时代的到来，使内容比营销手段更能吸引用户的注意。对此，物流企业需要改变传统的营销思维、提升营销平台的效益，就要激发用户的兴趣，努力使那些具有影响力的用户成为自己的粉丝。不仅如此，要将互联网思维运用到物流营销中，为用户提供全方位的体验，增强与用户的沟通。

互联网思维的运用会促进物流营销方式的变革，如果物流企业的服务不能满足用户的需求，那么企业的营销就不可能成功，要保证自己的营销思维领先于用户，才能确保自己的企业不会落伍。

我们不妨预测一下将互联网思维运用到物流领域会带来哪些新面貌：

★提供免费服务；

★信息完全实现扁平化；

★通过物流服务掌握用户信息，以开发新的利润来源；

★通过大数据分析和社会化营销提高营销的针对性，发展长期用户，提高影响力；

★进行技术方面的革新，以此为基础改革商业模式；

★运用众筹模式、跨界整合等方式发展物流平台，促使物流领域增加盈利点。

### 9.1.3 物流 O2O 模式的 5 种运营策略

O2O，即 Online to Offline（线上到线下），自 2013 年进入了高速发展的阶段，其商业模式是将互联网变成线下交易的前台，只要运作得当，就能够实现商家、消费者和服务提供商三赢的局面。然而，此模式尽管有非常大的价值，但是也存在严重的不足，那就是“最后一公里”难题。

所谓“最后一公里”，指的就是物流配送中的线下送货上门服务。如今，互联网创业者动辄就谈O2O，可真正能够理解的人并不多，而能解决其根本难题的更是少之又少。

当然，少并不代表没有，目前已经有许多企业针对这一难题使出了看家本领，提出了各种创新性的解决模式。纵观这些解决方案，我们会发现它们有一个共同点，那就是“重”，要么重物流，要么重资源。下面，我们就分别做一下分析。

### ◆自建物流中心

这一解决方案是参考了京东自建物流的模式，能够保证货品配送的效率，还能够满足消费者对货品个性化定制的需求。有了自己的物流中心，就可以缩短送货时间，并能够保证所送达货品的质量。在O2O商业模式中，生鲜类和餐饮类是比较适用此种模式的。

在我国，喜欢吃火锅的人很多，以前想吃火锅只能外出就餐。如今，火锅O2O已成为众多商家新的尝试，北京专业的火锅外卖——中农庄园家家送火锅就是其中一个典型代表，它拥有自有品牌，且能够通过自建物流进行配送，满足大部分的订单需求。一般来说，接到订单之后，商家就会准备好订单所需的食材，并进行简单的加工处理，随后由自建物流中心进行配送，所耗费的时间不会超过3个小时。

到家美食会虽然属于美食外卖O2O，但与市面上常见的美食外卖模式有着很大的不同，那就是自建物流系统，培训专门的送餐配送人员。对餐饮行业的O2O服务来说，其配送效率就是生命，服务就是资本，而到家美食会正好抓住了这两点。另外，到家美食会的目标受众为中高端人群，提供中高端餐厅的外卖服务，虽然成本投入相对较大，但获得的利润也相对较高。

这种解决模式虽然在一定程度上解决了配送难题，但其带来的劣势也是比较明显的。对企业来说，成本的大量支出制约了企业本身的发展，而其服务半径与服务目标群体也有着一定的局限性。尽管如此，这一模式仍不失为一个较好的解决方式，运用此模式的企业不仅能够保证服务的效率，也能保证其质量。

◆ **把配送站建在小区旁边**

有一句话用错层思维来说那就是“科技以懒人为本”，那么社区 O2O 服务正是印证了这句话。所谓社区 O2O 服务，就是指企业以互联网为媒介更好地服务居民的社区生活，其切入形式比较多样。我们可以把这些配送站看作一个服务站点，将来自各地的货物聚集于此，然后再以此为中转，发散到附近的居民手中，而居民若是恰好经过或是着急使用还可以自提。

我们不妨以社区 001 为例，具体解读一下这一模式。

社区 001 的做法是分商圈，将北京视为一个大商圈，然后在以方圆 5 公里为依据划分不同的商圈，在每个商圈的中心处设置站点，并配备一定数量的基层快递员。每个商圈内部的所有商超都被纳入本地站点的服务范围，所以不同商圈的消费者所看到的平台内容是不同的，这真正实现了本地化。如此一来，社区 001 许诺的 1 小时送达是完全可以实现的。

社区 O2O 的发展，要么需要线下长期连续的合作对象，要么需要自己设置很多的店面，否则就会受到制约。社区 O2O 如果仅仅作为一个中转站的话，那么无疑只会在物流运输过程中增加成本投入并降低效率。所以，只做到这一点绝不是真正的 O2O。另外，还有一种类似的模式，就是偷换了“最后一公里”难题的概念，将送货上门改成线下提货。青年菜君就是使用这一模式，将地铁站作为其线下提货点的标志，方便用户自提。虽然这种做法节省物流成本，但同顺风嘿客一样无法实现配送直达家门的最终目标。

◆**聘专业人士提供上门服务**

在当今这个经济飞速发展的社会，人们习惯了快节奏的生活，很多人工作一天后疲惫不堪，没有余力再去做家务，而那些工作繁忙的爱美女性也没有太多的空闲时间去做美容，于是聘请专业人士上门提供服务就成为一种潮流。

然而，这一双赢的形式存在矛盾，那就是用户找专业的家政员或是美容师所花费的时间成本过高，而那些专业的家政员或美容师面临没有稳定订单的尴尬。解决这一矛盾的方法很简单，那就是整合专业人员的资源，然后提供给相关用户，于是新的O2O服务行业出现了。

阿姨帮就是这样的一个O2O服务平台，它翻新了传统的保洁、保姆行业，招募并培训了专业的家政阿姨，统一着装、统一工作流程，为用户提供日常保洁、保姆等服务。用户只需要通过其O2O服务平台预约就可以了。

河狸家是提供上门美甲服务的O2O平台，因其定位为“手艺人上门服务”，说明其业务在不断发展的过程中会有延伸。这种模式下的O2O企业为了保证服务质量采取了一系列的措施，如服务后的用户评价等。

这种模式既节省了用户寻找专业人员的时间成本，又稳定了专业人员的经济收入，但对这种模式来说，面临成本大幅提升的困境。

◆**整合物流闲散的资源，提供快速服务**

对电商来说，可谓是“得物流者得天下”，其实对O2O企业来说，这句话同样适用，尤其是生鲜的配送，更是决定了其企业的生死存亡。生鲜食品一旦配送不及时就会质量下降，用户自然不可能接受，于是就会退货，久而久之就对企业产生了不信任感。然而，要想快速、及时地配送成功，就需要对物流体系高标准、严要求，成本就会随之提高。于是，效率与成本就出现了一个不可调和的矛盾，企业的前途变得渺茫起来。

在这样前进无路、后退无门的情况下，生鲜O2O企业要做的应该是另辟蹊径，寻求新的突破点。例如，整合社会闲散的物流资源为我所用。

如上文所说，中农庄园家家送火锅满足了大部分订单需求，这就说明还有少部分的订单需求得不到满足，那么它是怎么做的呢？难道就此流失这些用户吗？当然不是，它的选择就是整合社会闲散的物流资源为我所用，将下班或处于休息时间的快递员利用起来，并支付额外的快递费。于是，中农庄园家家送火锅既满足了那少部分的订单需求，又赢得了口碑。

使用同样的方法的还有爱鲜蜂，不过他们的利用目标并不是快递员，而是那些有着较多闲暇时间的小卖店店主。这些小卖店店主多位于住宅区内或办公区附近，营业时间比较灵活，店主不仅可以通过送货获得收入，也能够将自己的商品置于其O2O平台上进行销售。也就是说，“最后一公里”的配送由这些人完成，且效率还能有所提升。

事物都是具有两面性的，有好的一面就有不好的一面。这种整合闲散的资源为我所用的方式同样遇到了问题，其分担配送需求的能力有所欠缺，在订单少的情况下可以游刃有余，但是订单量一旦骤增，其能发挥的作用就只不过是杯水车薪了。

◆线上替人排队线下提供服务

时下，“看病难”成了一个严峻的社会问题，患者没有正确的渠道获取医院与医生的资讯，也就没办法找到合适的医生。大型医院的患者众多，挂号排队无论是线上还是线下都极为艰难。面对这种情况，O2O创业者和互联网巨头都敏锐地发现了其中的商机，上线了医疗O2O。不同的医疗O2O有不同的用途，但都是为了解决“看病难”这一现状。

2014年，线上业务风生水起的丁香园就宣称要开设线下诊所。作为国内拥有较多医疗资源的互联网平台，丁香园将借助其拥有大量职业医师的优势，为线下诊所助威，使患者的病情可以通过线下就诊得到妥善的治疗。

而微医集团（原挂号网）针对的是挂号难的问题，并引导跟进整个就医流程，从找对医生到挂号、再到就医看病。目前，微医集团已经聚合了全国1900家重点医院、6700位学科带头人，20万副主任以上的医师，提供在线诊疗。

此模式实际上是移动互联网在医疗方面所做出的一个巨大贡献，在一定程度上缓解了“看病难”的问题，为烦琐、费时、不必要的重复就医提供了有效的解决方式。这种模式与其他行业的O2O平台不同，其门槛相当高，因为医疗O2O平台的建设必须建立在数据库的基础上，并依托专业的医疗资源而发展。

综上所述，这些不同的O2O模式是具有颠覆性的解决方案，极具品牌价值。无论是哪一行业、无论是何种类型，但凡是O2O企业，就必须找到合适的方式以降低其物流消耗，保证企业健康有序地向前发展。

## 9.2 机器人 + 物流：工业 4.0 时代的物流新机遇

### 9.2.1 机器人在物流领域的主要应用

机器人技术的不断发展和成熟，使机器人在解决劳动力不足、提高生产效率方面发挥了越来越重要的作用。物流自动化进程的不断加快是推动物流行业迅速发展的重要标志，随着机器人技术在物流领域的应用，物流行业迎来了一个新的发展局面，而机器人技术的应用程度也成了衡量物流企业竞争力的重要因素。

◆自动化立体仓库

自动化立体仓库的诞生和应用是推动物流系统走向现代化的重要力量，其不仅可以提高空间的利用率，也可以提高物流效率、减少流动资金的积压等。

自动化立体仓库作为物流仓储领域的一种新概念，市场总值已经超过了 170 亿元。调查结果分析，未来几年，市场对自动化仓储的需求每年将保持 17% 的增长。目前国内的立体仓库面积大约有 1.5 亿平方米，自动化仓库有 2000 多座，多层立体仓库接近 10 座。

人力成本、土地成本和能耗成本的持续上升，以及各个物流企业重复建设所造成的资源浪费，让物流行业陷入了转型升级的困境。国内普遍使用的是经营性通用仓库，缺乏自动化程度较高的立体仓库，难以满足电商企业和物流企业的物流运输需求。因此，电商以及大型的物流企业开始走上了建设自动化仓储物流的道路，而物流机器人也趁势迅速成长起来。

机器人技术主要应用于物流中的包装码垛和装卸搬运两个作业环节，而随着机器人技术的不断提升，机器人技术也开始广泛应用于其他物流领域。

在物流行业中应用机器人技术，带来的显著变化就是物流效率的提高。智能机器人可以完全取代人力完成货物的搬运、周转等工作，同时也可以从事危险性较高的工作。未来，智能机器人将在物流领域发挥越来越重要的作用。

### ◆码垛机器人

码垛是自动化物流中的一个重要环节，自动化物流需求的上升，让传统码垛的工作压力越来越大。机械式的码垛机不仅占地面积大，操作程序复杂，而且耗电量大；采用人力搬运需要消耗大量的劳动力，而且费时，不能保证码垛的质量，容易出现码垛尺寸不合格无法顺利存储的问题。

专为这一环节而研制的码垛机器人有直角坐标式机器人、关节式机器人以及极坐标式机器人 3 种类型。使用码垛机器人可以完成对包括纸箱、瓶装、罐装、袋装等各种形状的包装成品进行码垛。码垛机器人示例，如图 9-1 所示。

图片来源：机器人网。

图 9-1　码垛机器人示例

来自欧、美、日的码垛机器人在码垛机器人市场上占了九成以上，码垛机器人已经普遍应用于码垛工作中。

（1）从效率上讲，码垛机器人不仅可以承担较高的负重，而且与人力相比，码垛速度和质量都得到了极大的提升。

（2）从精度上讲，码垛机器人都有一套独立的控制系统，可以保证码垛的精度，而且重复精度能达到 ±0.5mm，完全契合了物流码垛作业的定位要求。

（3）从稳定性上讲，目前世界上较先进的码垛机器人可以达到 5 轴和 6 轴，同时在设计中还结合了科学、合理的刚性机械本体设计，不仅增强了机器人本体对高负重、高频率码垛作业的承受和适应能力，也提高了码垛机器人的灵活性，扩大了码垛机器人的应用范围。

（4）从成本控制上讲，在使用机器人的前期，需要投入比较高的成本，但是能为企业获得最大化的边际成本效用。同时，各家机器还不断在产品中加入新的科技成果，提高产品的性价比，让客户在一定的成本内获得更高的回报。

### ◆分拣抓取机器人

分拣抓取机器人主要应用于拣选作业中，将物品进行分类。分拣抓取机器人需要图像识别系统和多功能机械手，适应物品品种众多、形状各异的分拣情况。机器人运用图像识别系统识别物品，并利用与之相应的机械手抓取物品将其放到相应的托盘上。

从市场目前的状况来看，仓储物流领域应用分拣机器人的企业并不多，已经有部分企业走在了探索研发的道路上。

随着机器人技术的不断成熟，未来就可以实现智能化的物流仓储，由一台台机器人将货架运送到包装台，通过分拣抓取机器人准确识别物品，包装好之后送到传输带上。

分拣机器人目前已经有了样机，而其未来在市场上的应用，也将推动无人仓储的实现。智能分拣机器人在物流、电子商务以及工厂等领域的应用，不仅能有效提高仓储管理的效率，也能帮助企业进一步降低人工成本。

## 9.2.2 AGV 机器人：引爆仓储物流智能化革命

在传统的仓储物流系统中不仅需要大量的工人完成搬运工作，也应该配备一定数量的叉车、货架、托板、容器等。而在现代的仓储物流系统中，只需要少量的 AGV 机器人、货架、托板、容器等即可。

从表面上看，两种仓储物流系统的区别在于 AGV 机器人的应用取代了搬运工人以及叉车，但从更深层次来看，AGV 机器人不仅节省了人力以及设备，同时还在效率、成本、空间、安全、自动化等方面进行了一系列的优化，带来了一种全新的仓储物流体系。AGV 机器人示例，如图 9-2 所示。人力成本的持续上升以及机器人成本的下降，使机器人取代“人”成了大势所趋，而 AGV 在推动仓储物流智能化上具有不可替代的价值。

图片来源：机器人网。

图 9-2　AGV 机器人示例

◆畅想未来

在以AGV为核心装备的智能仓储物流大致是这样的：多层库房、内置有数量不多的货架、AGV提升机、AGV穿梭、无人仓储。这就意味着，如果除去信息控制系统的话，要构建一个智能仓储物流只需要有提升机的库房、货架以及AGV。

机器人的应用可以代替人从事繁重的搬运工作，而被解放出来的工人也有机会去做更加轻松并且有意义的工作。搬运机器人的应用在提高了搬运效率的同时，也创造了更多的财富，因此人们可以不必担心“机器人抢饭碗”的问题。从社会分工出现以来，职业的新陈代谢已经成了一个时代发展和进步的重要标志，因此，机器人对人力的取代让更多人开始注重自身素养和技能的提升，在一定程度上推动了社会进步。

随着智能化的进一步提升，未来的智能仓储物流装备可能会具备无人驾驶功能，同时具有高效的通信和信息处理能力，可以根据指令实现互联互通，协同作业。不仅如此，智能装备还可能会拥有自适应能力，与订制的智能工具实现良好的匹配，更高效地完成自己的工作任务。这种革命性的装备升级将给仓储物流领域带来颠覆性的变化。

当智能装备的价格不断下降的时候，传统搬运装备将逐渐失去自己的价格优势，传统搬运设备生产商在积极思考应该怎样保护自己的市场地位，因此我们也就看到了很多生产商要么选择自主研发，要么选择合作开发，他们都纷纷走上了推动装备智能化升级的发展道路上。

◆思考现在

在畅想未来的同时，也不应该忽略对现状的思考。AGV属于移动机器人的范畴，AGV应用的场景非常丰富，包括工业、服务业、生产、生活、特种工种等。但是，从现阶段来看，AGV的开发利用还非常有限。

与其他机器人一样，AGV 仍然处在初期发展阶段，离高度智能化还有一段距离，成本始终居高不下，而且市场上同质化的产品层出不穷，使其发展举步维艰。我们期待 AGV 能够进一步发展，并产生几个具有影响力的品牌，在丰富 AGV 产品线的同时，提高 AGV 的产品品质，从而更好地服务于智能化仓储物流。

如同管中窥豹一般，透过 AGV 的高速发展和应用，我们可以预见仓储物流智能化领域必将迎来一场巨大的变革，同时这场变革还将延伸至整个物流、制造行业。

以后，机器人可以代替人完成工作，使人们从繁重的体力劳动中解脱出来，拥有了更多的时间去创新和创业，同时也可以更好地享受生活。而只有不断地创新和创业，人们才能体验到机器人应用带来的便利，进而对机器人产生依赖，不断推动其成熟升级，从而将人们带入一个全新的智能制造时代，让更多的人可以享受机器人带来的极致体验。

### 9.2.3 搬运机器人：有效提高物流装卸效率

随着时代的演进，自动化、智能化已经成为一种潮流，自动化和智能化在物流行业的应用也产生了智能化仓储物流系统等形态。而机器人作为一种可以自动执行工作的装置，不仅可以直接受人的操控，也可以按照预先编排的程序执行工作流程，同时还可以按照人工智能技术的制定开展工作。这种高自动化和智能化装置带来的高效、便利体验，也让机器人成了物流行业争先利用的设备。

装卸搬运是物流系统中的一个重要组成部分，而机器人技术的应用，有效提高了物流系统的效率。搬运机器人可以被安装在不同的末端执行器从事各种形态的搬运工作，将人们从繁重、重复的体力劳动中解放出来。目前，搬运机器人已经被广泛应用于工厂内部的搬运、物流系统以及制造系统中的运转以及大型港口的集中箱搬运等。

从货物的运输、储存到包装、流通和配送，装卸搬运始终贯穿其中。而搬运机器人的应用不仅提高了空间的利用率，也增强了对货物的搬运能力，节省了装卸搬运的时间，提高了装卸效率。世界上已经有部分发达国家出台了关于人工搬运的最大限度规定，规定只要超过最大限度就必须由搬运机器人完成。而目前市面上的搬运机器人的最大负重可以达到 500 千克。

2015 年 8 月，日立公开宣布研发出一种新型机器人，可以自行移动并装卸和搬运货物。这款机器人有两条灵活的机械臂，可以用于抓取不同形状、尺寸和重量的货物，并将其搬运到指定的位置，具体如图 9-3 所示。

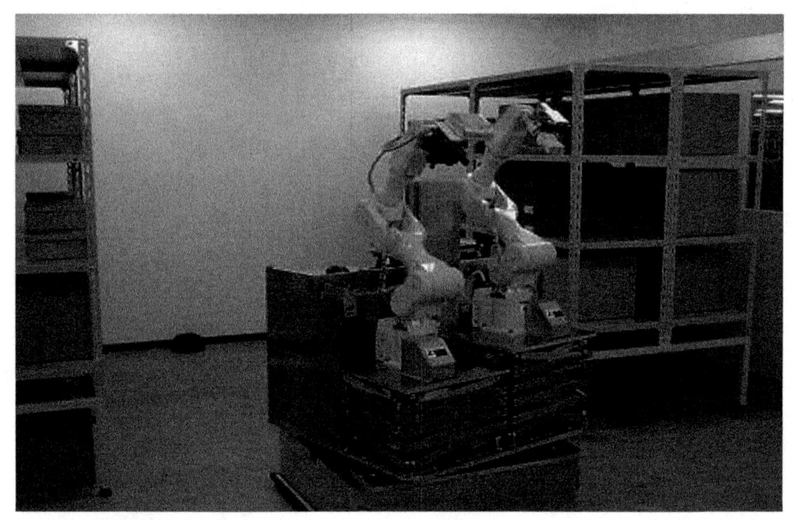

图片来源：机器人网。

**图 9-3　日立物流机器人**

传统的机器人在面对形态各异的货物时通常会束手无策，而新型机器人可以轻松应对。电子商务的繁荣使多种形态的货物的少量搬运需求日益增多，传统的机器人越来越难以满足这一需求，未来两三年内，这种新型机器人将正式投入使用。

目前在物流仓储中使用的搬运机器人只能连续搬运同一种形状的货物，但是货架上不可能只有一种形状的货物，因此，搬运机器人在搬运多种形状的物品上仍然存在技术瓶颈。

日立推出的新型机器人是在移动平板车上安装两个升降台，并分别安装操作臂型的机器人，一条机械臂的顶端安装有吸附装置，而另一条装有两根机械手指。移动平板车在到达指定的货架之后，调整升降台的高度，并利用安装在机械臂上的摄像头对货物进行确认，然后调整为能够拿起货物的形态，拿起货物。

例如，利用物流机器人取箱中的PET瓶的时候，会利用机械臂上的吸附装置将货架上的箱子移到近前，并用两根机械手指将箱子中的PET瓶取出来。如果物品的重量比较大，还会在下面托着搬运。综上可见，新型物流机器人可以搬运各种形状及重量的货物。

这款新型机器人的整体构造包括1台平板车、2个升降台以及2条机械臂，只需要这5个装置就可以完成多样化的工作。但是在完成工作的过程中需要各个装置相互协同，因此也就离不开各个装置之间的通信联动。

平板车在移动的过程中可以通过传感器测量与货架之间的距离，在距离只有1米并且需要共同作业的时候才会向机械臂发出信号，这样不仅减少了通信量，同时还提高了动作速度。一般情况下，从平板车停在货架前到取出箱中得到物品只需要3秒钟。

随着搬运需求的不断上升，作业能力强的机械臂型机器人将会受到更多企业的欢迎。日立打算首先将这款机器人应用在自己公司的物流仓库中，之后再将这一产品推广到其他公司。

机器人技术可以有效提高物流效率，同时，其对人力的替代可以对人身安全提供更多的保障，减轻人工的劳动强度。机器人作为一种机电一体化、数字化装备，具有较高的技术附加值和广泛的应用范围，对推动生产发展和社会进步具有重要的意义。未来，机器人将成为自动化生产线的主要形式，并将在物流行业实现更广泛的应用。

### 9.2.4 配送机器人：物流行业的“快递小哥”

电子商务的繁荣发展，让中国快递行业高速发展，日益增长的包裹数量使物流末端配送面临越来越严峻的形势，同时快递员这一职业也“荣登”整个快递产业链中岗位紧缺的榜首。快递员是一个非常辛苦的职业，不管多么恶劣的天气都肩负着为客户配送包裹的重任，付出的心血要远远超过拿到的薪水。因此，越来越多的快递员从岗位上“出走”。

面对越来越大的行业压力以及居高不下的快递员流失率，许多电商企业和快递公司也正在积极解决这一问题。国外在这一方面已经取得了突破性的进展，开始利用机器人配送货物，创造了一种全新的配送方式。

**◆ 无人机**

亚马逊和谷歌是最早提出无人机送货概念的公司，同时也为这一计划的实现展开了积极的探索和努力。

2015 年 11 月，亚马逊推出了一款应用于 30 分钟送货上门的无人机样机，这款无人机不仅内置自动装填系统，而且其内置的特殊设计还可以让货物在机身内保持平衡。这款无人机的飞行高度能达到 122 米，飞行速度约为 90 千米 / 小时，覆盖直径约 48 千米。

无人机可以感知周围的障碍并躲避，不需要人工操控就可以自行起飞和降落。当飞机到达目的地之后，无人机会悬停在空中，并对即将降落的地面位置进行扫描，排除各种安全隐患，扫描安全之后无人机就会降落、放下包裹后立即飞回空中。

国内的快递公司和电商企业也有实施无人机战略的，但是大多处在测试阶段。未来随着无人机技术的发展成熟，在获得相关部门批准的情况下，无人机送货将得到广泛应用。

◆ **地面机器人**

国外的一家创业公司 Sphero 开发了一款地面机器人，名为 AmazonGround，如图 9-4 所示。这款机器人是一款可翻滚的球形机器人，用户使用 iPhone 就可以进行控制，同时用户既可以直接操作单一机器人，也可以多个机器人配合使用。

目前，Sphero 已经推出了这一款机器人的 2.0 版本，并与亚马逊建立了合作关系，未来这一款机器人将在亚马逊大展拳脚。

将这款地面机器人应用于末端配送还有许多问题尚待解决。如果这款机器人出现在大众视线中势必会引起公众的好奇，而如果它在执行任务的过程中受到干扰就容易产生故障。因此，当前这种机器人只局限在仓库或某些特定的场景中，未来当具备一定的条件后，地面机器人或将在市场上大放异彩。

图片来源：机器人网。

图 9-4　Sphero 公司的地面机器人

◆自动驾驶机器人

国外的一家创业公司 Starship 研制出了一款自动驾驶机器人，可以完成送快递的工作，如图 9-5 所示。

图片来源：机器人网。

图 9-5　Starship 的自动驾驶机器人

用户在下单的同时可以在网上选择送达时间，之后这款机器人就会通过陆运的方式穿过马路，将包裹准时送到用户家中，用户只需要在家耐心等待。此外，用户也可以用配套的 App 追踪机器人，随时掌握机器人的行踪。机器人的内部还设有导航系统，可以自动驾驶并躲避周围的障碍物。机器人在送货的过程中远端还会有人工监控，以确保包裹不会丢失。此外，为了确保货物的安全，只有收件人本人才可以解锁并取出包裹。

这款自动驾驶机器人的最快时速约为 6.4 千米 / 小时，并且可以自由穿梭在城市中间以及人群中。通过这种方式送货，在价格上要比传统的送货方式便宜很多，同时在效率上得到了大大的提高，而且这种送货方式污染小、能耗低。

◆ Transwheel

2015年8月，以色列的一名学生Shikar发明了一款新型的快递机器人——Transwheel。

该款机器人拥有一个自平衡轮以及两个机械手臂，车轮设有可以实现自动平衡的陀螺仪系统，机械臂负责装卸包裹，在构想的设计中，Transwheel还具有面部识别功能，可以在交货的时候确认收件人的身份。

其在搬运包裹时可以保持直立行驶，单个机器人可运送小型包裹，如果要运送大包裹的话就需要多个机器人组合运送了。Transwheel还配备LED信号灯，可以帮助其在夜间行驶时能被其他车辆识别。即便是在电量较低的情况下，Transwheel也依然能够安全抵达。

尽管目前Transwheel还属于一个概念设计，但是在不久的将来，这一设计将会成为一个产品原型，并在物流配送中扮演重要的角色。

目前，在整个快递行业中，人力依然发挥主导性的作用，但随着人力成本的逐渐上升以及机器人技术的不断发展成熟，越来越多的人会接受和认可机器人送货。因此，智能机器人的普及指日可待。

### 9.2.5 软控股份：布局物流机器人新蓝海

伴随电子商务的快速发展，物流行业也呈现一派繁荣的景象。尽管从目前来看，人力成本在物流行业中仍然占有较大的比重，但随着工业4.0时代的到来，物流机器人将成为物流行业发展的必经之路。

2015年6月，软控股份的机器人业务资源整合取得了新的进展，公司开始全面发力智慧物流行业，并在上海推出了一个智慧物流业务平台——科捷物流，这也标志着软控股份正式进军物流自动化领域。作为全球橡胶机械行业的领军企业，在面临制造业转型升级的大背景下，软控股份的这一举动为自己未来的发展寻找到了一个新的支撑。

◆智慧物流前景广阔

科捷物流主要是为企业提供智慧物流系统解决方案的平台，包括从货物存取到订单处理的整个流程，如生产厂商在内部的货物运输、快递行业内部的货物分拣以及运输等。

例如，在快递行业，科捷物流推出了一套“交叉带分拣机”系统，货物会对流水线上的货物自动扫描和分拣，按照不同的运送地点将货物分开，并利用流水线上的迷你车将货物送往不同的出口。

目前快递行业中负责分拣工作的主要是工人，而快递公司在这一环节要负担的成本能够达到一家快递配送中心日常运营成本的90%，分拣流程所耗费的时间占整个流程的30% ~ 40%，而且差错率在3%左右。如果使用机器人来完成，不仅分拣效率会大大提高，有效缩短了货物的配送时间，而且差错率能控制在0.01%左右。

生活中的“最后一公里”以及生产中的“最后一厘米”是物流行业中的两大瓶颈，而自动化在其中有比较大的利用空间。智能化的物流体系不仅创造了一种新的物流体验，同时也符合工业4.0时代柔性制造的需求。

◆机器人业务成新增长点

事实上，科捷物流只是软控股份在机器人领域展开战略布局的一个组成部分。2010年，为了进一步整合工业机器人业务的优质资源，软控股份收购了青岛科捷自动化公司35%的股权，收购完成后实现了对该公司的全资控股。2014年年底，软控股份与上海贤益物流自动化公司建立合作关系，并创立了科捷物流，专注于物流方面的自动化业务。

现如今，科捷已经囊括了软控股份旗下所有的机器人业务。2004年，科捷自动化公司成功研制了一台注塑机器人，填补了国内注塑机器人的空白。2011 年，其研制生产的机器人产品首次销往日本，在全球机器人市场上打响了自己的名号。

科捷作为软控股份中一块独立的战略版块，不仅运行独立的规划以及机制，也可以采取独立的发展策略，软控股份为其提供了充分的自由和成长空间，同时科捷还可以分享软控平台上的资金、技术等各种优质资源。

软控股份 2017 年业绩报告显示，公司上半年实现营业收入 124784.99 万元，较上年同期增长 35.80%；营业利润 3009.02 万元，较上年同期增长 147.39%。虽然在营业收入上，机器人业务并没有为软控带来很高的营收，但是从发展速度上看，机器人业务是成长最快的一个业务版块，未来将会为软控带来更丰厚的回报。

软控股份的机器人技术水平已经达到了国内领先水平，而随着制造业的转型升级，公司的机器人业务规模也将进一步扩大并在全球范围内确立自己的品牌地位。

## 9.3 即将到来的无人机物流时代

### 9.3.1 无人机：巨大的市场机会

近年来，无人机以其优越的性能受到了世界各国军队的重视。事实上，无人机不仅在国防军事领域有着广泛的应用，在民用及商用领域也开始崛起。由于无人机技术的不断突破，其飞行性能及运载能力有了大幅提升，无人机在民用领域尤其是物流行业开始发挥巨大的作用。对国内市场而言，由于低空领域受限、住房分布相对密集等特征，无人机在国内市场的发展受到了一定程度的限制。

现阶段的无人机主要是旋翼式无人机，这种类型的无人机最初是侦察机，与一般的军用飞机相比，其续航能力更强、造价更低、隐蔽性更好。而且军用无人机不用军人亲自驾驶，能有效减少人员伤亡，其在现代战争中已经成为重要的空中力量。军用无人机已被广泛应用于情报侦查、通信中继、追踪定位、军事打击等领域。

无人机具有的垂直起降、滞空时间长、灵活机动、制造及保养成本低等优势，使其在众多民用及商用领域，如灾后救援、森林防火、边境巡逻、影视取景、农田管理、核辐射检测、空气污染测定及农田灌溉等方面都有广阔的应用前景，世界各国对无人机的发展予以了高度重视。

在农田管理中，普通的固定翼飞机由于无法实现低速飞行、垂直起降等，只能应用在地势开阔的大面积种植的平原地区。而我国地势较为复杂，山地、丘陵地区较多，种植面积小而且非常分散。

无人机的应用能有效解决农业种植中的一系列难题。农业无人机的作业方式分为直接作业与间接作业两种，其中农田位置信息收集、农作物生长状态的监测及病虫灾害的监测等为间接作业，而农作物播种、喷药、施肥、授粉等为直接作业。

以旋翼式无人机施肥为例，其具有方便快捷、利于规模化生产、体积小、环境适应能力强、安全可靠等众多优点，极高的精准度使其有效避免了传统施肥方式容易引发的过度施肥现象，不仅能为农户节省肥料，也减少了对环境的损害。农用无人机优良的性能，使其逐渐取代了传统农用固定翼飞机及旋翼飞机，在农业植保领域中获得了农户的一致认可。

在2013年10月举办的中国国际农机展中，有9家国内农用航空器生产商参加了此次展览会，包括金泰航空工业公司、无锡汉和航空技术有限公司、深圳天鹰兄弟无人机科技创新有限公司、珠海羽人飞行器有限公司等。

2013年7月，金泰航空工业公司投资2亿元成立的生产研发无人航空器的生产基地在四川巴南地区正式投入使用。其研制的以电池组件为动力的多轴无人机，成为此次农机展览会上的热点。

这款产品是国内首个大型工业级农用无人飞行器，产品性能稳定、操作简单、续航能力强，其标准载重达到了30千克，工作效率可达国内普通无人机的6倍。在为期3天的展览会上，这款产品收到了来自新疆、山东等地区共计100多个订单，产品成交价格在40万～65万元。

2016年3月，大疆创新正式推出旗下首款用于农业领域的无人机产品——MG-1农业植保机。MG-1是一款实现防尘、防水、防腐蚀的工业级设计产品，大疆为其配备了八轴动力系统，使其载荷达到10千克的同时推重比高达1:2:2，每小时作业量可达40～60亩，作业效率是人工喷洒的40倍以上。

2017年9月，2017国际农业无人机展会在郑州国际会展中心举行。此次展览会汇聚河南三和、雷神空天、河南汉和、安阳全丰、珠海银通、广东飞翔达、河南翱翔、潍坊锐翔等国内知名企业。从展会以“科技兴农，服务三农”为主题，展示国际化农业装备技术，同时给农用植保航空市场提供了巨大发展空间。

另外，无人机在石油、天然气、煤矿等矿产资源的勘探领域也受到了众多企业的青睐。矿产资源研究领域的专家表示，隐藏在地下的矿产资源，有着其特有的属性，就如同暖气通道经过的地方地表的冰雪会融化一般，在无人机上安装特定的装备，可以捕捉这些特征，从而发现人力难以勘探的矿藏。

地理测绘、水库流域调查、空气质量测定等方面也有无人机应用的身影，甚至在2015年12月环保部发起的雾霾成因调查专项活动中，应用了无人机。辽宁、北京、上海等地区的环保部门，是国内最早将无人机应于空气质量监测的。如今，使用无人机监测空气质量在国内已经发展为一种主流趋势。

使用无人机对空气质量进行监测时，能通过安装在无人机内部的空气样本收集装置，收集不同位置、高度的颗粒物。相关专家对采集的这些样本进行分析，其最终的结论将通过各大新闻媒体、移动 App 等向大众公布，并根据结果，每天为人们提供出行建议。

不仅在国内，以美国为首的西方发达国家，也十分重视无人机在各个领域的应用。早在 2012 年，美国就通过了一项《2012 年再授权与现代化法案》，明确提出要在 2015 年之前对无人机在商业领域中的应用出台新的法律法规。

2013 年，美国联邦航空管理局（Federal Aviation Administration，FAA）正式宣布两款商用无人机 Insitu Scan Eagle 200 和 Aerovironment Puma 可用于监测阿拉斯加的海岸，前者主要监测鲸类迁徙及冰川活动，后者则是为了监测原油泄漏的情况，这也标志着美国在无人机完全进入商用及民用领域有了重大的突破。

国际无人系统协会（Association for Unmanned Systems International，AUVSI）发布的一项数据显示，如果美国 FAA 能按照计划于 2015 年，将无人机正式对民用领域开放，2015—2025 年美国民用无人机行业将新增 821 亿美元及 10 万多个就业岗位。美国空域开放无人机的时间每晚一年，整个美国经济就会减少 100 亿美元的潜在收入。

以无人机为代表的智能化、无人化、小型化的航空装备在未来有着极为广泛的市场前景，最近几年，无人机逐渐从国防军事领域扩展至民用领域，广泛应用于森林防火、地质勘探、灾后救援等。研究机构公布的一项数据显示，预计我国民用无人机未来的市场规模将达到 500 亿元，民用无人机企业将达到 300 ~ 400 家。2015 年，除了无人机巨头大疆继续领跑民用无人机市场外，零度智控、亿航科技、北方天途等无人机制造企业也开始崛起。

但在国内民用无人机市场中，尚未形成统一的国家标准及行业标准。由于缺乏统一的标准，野蛮生长的国内民用无人机市场很混乱，产品质量参差不齐，亟须相关管理部门进行规范。此外，由于缺乏有效的监管，无人机违规飞行问题时有发生，2013 年 12 月底，一架无人机违规飞行导致首都国际机场十余架飞机延迟起飞，两班次飞机被迫执行紧急避让。

2013 年 9 月，中国民用无人机系统峰会暨航空展在京召开。当时，我国拥有 40 多项军用无人机标准，而民用无人机国家标准及行业标准尚欠缺，为了解决这一问题，国家多个部门正在研讨制定民用无人机标准，组建民用无人机产业联盟。其中，工业和信息化部将负责制定无人机市场的准入门槛，中国民用航空总局负责制定无人机的安全试航标准，交通运输部负责制定无人机频谱标准。

由于民用无人机市场的进入门槛低，科研机构、军工企业、民营企业等进入这一领域。截至 2015 年，国内约有 150 多家制造单位正在研发民用无人机，累积生产总量 1.5 万多架，但种类繁杂、质量参差不齐，大部分是制造成本较低的小型无人机，在产品性能方面还需要进一步提升。

许多无人机制造企业表示，国内民用无人机的生产商家标准不一，没有足够的专业知识积累的消费者，在选购无人机产品时十分困难，政府管理部门应该加快制定民用无人机的标准，有效指导民用无人机的发展，并向公众广泛开展无人机技术的宣传普及工作。

业内专家表示，民用无人机要真正实现产业化、规模化发展，政府要放宽空域管制。事实上，不仅是我国，许多国家的民用无人机市场受到了低空领域管制的严重限制。

## 9.3.2 即将到来的无人机物流时代

无人机在影视拍摄、空气质量检测及高速维护等领域有着广泛的应用。近年来，由于无人机有高效、灵活、不受地形限制等特点，其在物流行业也开始广泛应用。许多国际物流巨头对无人机在未来物流行业发展中的作用给予了高度评价。物流行业的专家表示，通过无人机运输货物能有效缩短送货时间，而且对物流体验较差的电子商务行业将会产生巨大变革。

最近几年，顺丰、亚马逊、UPS 等物流行业巨头纷纷开始布局无人机投放快递市场，一些媒体甚至表示，与 3D 打印技术一样，无人机物流将成为第三次工业革命的核心。早在 2002 年，澳大利亚政府就颁布了一项法律，用于规范该国无人机产业的发展。

澳大利亚是全球首个使用无人机运送快递的国家，2013 年，澳大利亚的 Flirtey 公司联合校园课本租赁公司 Zookai，使用无人机向澳大利亚的某一偏远地区运送了课本。美国的维吉尼亚州维斯县（Wise County）位置偏远、交通不便，当地的医疗资源匮乏，而现在这一情况将有望得到有效改善，Flirtey 公司与美国国家航空航天局（National Aeronantics and Space Adminis-tration，NASA）将联手为当地提供无人机药品运输服务，而且该服务已经获得 FAA 的批准。

Flirtey 公司的无人机飞行高度约为 122 米，标准载重 2 千克，它通过激光测距、声呐等手段避开飞行过程中遇到的建筑物及鸟类。在悉尼市区，使用 Flirtey 公司的无人机送货一般只需要 2 ~ 3 分钟即可送达，而且收货人还能通过谷歌地图对包裹位置实时追踪定位。

Flirtey 公司公布的数据显示，在澳大利亚市区内使用无人机送货的费用约为 2.99 美元，折合人民币 18 元，而使用传统的快递方式运输包裹费用为 29.95 美元，折合人民币 183 元，运输费用远超无人机。

物流巨头 DHL（德国邮政敦豪集团）目前正在尝试使用无人机运送货物。DHL 高层管理者在 2014 年 1 月举办的达沃斯世界经济论坛中表示："使用无人机送货的最大难题是政府部门的监管，德国政府相对保守，让政府认可这种快递模式是一项巨大的挑战，但我们已经在其他地区开始通过无人机运输货物了。”

继亚马逊公开进行无人机投递快件的测试后，DHL 于 2013 年 12 月也进行了无人机送货测试。2014 年 2 月，DHL 在阿联酋沙漠地区进行无人机投递快件的测试，此次测试的主要目的是检测遥控飞行系统是否能够在 40℃的高温天气及沙尘暴环境中稳定运行。

2013 年 12 月，美国的达美乐比萨公司（Domino's Pizza）测试使用无人机运送面包、奶酪服务。达美乐比萨公司所使用的无人机运输方案，由该公司与无人机企业 AeroSight 共同研发。许多消费者十分期待享受达美乐公司提供的无人机运输披萨服务。

国内的顺丰也开始布局无人机物流市场。投递快件使用的无人机，由顺丰内部的技术人员自主开发，飞行高度为 100 米，采用八旋翼结构。无人机配有自动导航系统，能按照预先设定的飞行路线将包裹送至目的地，一般情况下，其误差在 2 米之内。

目前，顺丰尚未公布其送货无人机的载重信息，业内人士将市场上销售的无人机产品及顺丰正式公布的信息对比后，给出了相关数据：预计顺丰自主研制的无人机飞行半径约为 10 千米，能在四级风力以下平稳升降，载重量可达 3 千克。

2013 年 9 月，顺丰在广州和东莞进行了无人机投放快件测试，出于安全角度的考虑，顺丰无人机在送货过程中，不会直接接触客户，服务范围仅限于配送网点之间。而且，顺丰的无人机项目主要针对偏远配送网点之间的包裹运输，能够有效解决配送成本高、时效性差等问题。

当前，市场上销售的与顺丰无人机性能相似的产品售价约为 6 万元，而一辆顺丰目前正在大规模使用的依维柯多功能轻型物流配送车的售价约为 9 万元，因此，使用无人机配送可以有效降低配送成本。

除了物流公司以外，一些科研机构也在进行无人机投放快递技术的研究。由哈尔滨工业大学的大学生创业团队进行的无人机配送项目“Linkall”，提出了一套无人机配送服务解决方案，这套方案主要包括配送中心、客户端及无人机3个核心要素。配送货物时，无人机将进行循环作业，每次配送完成后，无人机需要进行一定的修复，如更换电池、重新规划路线等。

目前，无人机的续航问题是一个亟须突破的技术难点。以哈尔滨为例，其冬季平均气温在零下20℃，极端天气气温甚至能达到零下30℃，在这种寒冷的天气情况下，无人机的电池损耗会十分严重。

### 9.3.3 无人机物流面临监管困境

2013年12月初，亚马逊CEO杰夫•贝佐斯（Jeff Bezos）在一家美国电台的栏目专访中透露了一个名为“Prime Air”的物流计划，亚马逊将尝试使用无人机运送小型包裹。数天后，DHL也成功实施了首次无人机投放快递的实验。

DHL公布的数据显示，此次测试的无人机被命名为Paketkopter，飞行距离约为1千米，飞行高度为50米。DHL的一位高管向媒体表示：“虽然这款无人机的性能还存在一定的不足，但在未来，无人机在物流行业将有极其广泛的应用前景。”

目前，DHL研发的Paketkopter无人机的性能有了大幅提升。最新的Paketkopter无人机采用四轴动力系统，标准载重1.2千克，飞行时间可达45分钟，最高时速为65千米/小时。

目前，无人机在技术层面上投放快递已经不是问题。如今的无人机技术，能够通过GPS自动导航等方式精准定位，而且能自动装卸货物、扫描条形码运输，即使是在建筑物较为密集的市区，无人机也能够轻易的从指定的楼层窗户进入，另外，无人机躲避障碍物技术完全可以满足快递投放的需求。

虽然无人机的飞行安全性、操作技术性及场地需求都相对较高，但这些问题能通过技术的突破得到有效解决。由于国内地区的低空空域限制、住房密集等因素，真正让无人机面向客户确实存在一定的难度。无人机物流应用在地广人稀的美国城郊却不成问题。

目前，美国地区的无人机管理规则限制了无人机行业的快速发展。美国联邦航空管理局（FAA）多次发布声明，目前在美国地区不允许自控无人机飞行。FAA 规定，无人机只能由警察及无人机爱好者使用。在华盛顿等地，FAA 还设置了许多禁止无人机飞行的空域。

FAA 的现行无人机管理政策仅允许娱乐性质的无人机在美国地区飞行，无人机商用基本处于禁止状态。截至 2014 年年底，美国被批准使用无人机的公司仅有 11 家，而且无人机的重量必须小于 55 磅（约 24.9 千克），飞行过程中必须始终在操作人员的视线内。虽然仅有少量的公司得到了 FAA 的许可，但仍有大量的创业公司在没有得到许可的情况下使用无人机。

2015 年 12 月底，中国民用航空局对《使用民用无人驾驶航空器系统开展通用航空经营活动管理暂行办法（征求意见稿）》向社会公开征求意见，并于 2016 年 2 月正式实施。国内已经有许多无人机商家正在研发能应用于无人机物流的产品。未来，一旦无人机物流突破政策的阻碍，其必将引发物流行业的颠覆性变革。

### 9.3.4 亚马逊 Prime Air 无人机计划

2015 年 11 月，亚马逊向外界展示了一款无人机模型，这是亚马逊在提出无人机计划以来公开展示的第一款新无人机样机，该款样机将应用于 30 分钟无人机送货服务，飞机的飞行高度能够达到 400 英尺（121.92 米），重量可达 55 磅。

英国著名的汽车节目主持人杰里米•克拉克森（Jeremy Clarkson）

是亚马逊无人机送货的代言人，并专门演绎了一段宣传片，如图 9-6 所示。

图片来源：新浪科技。

**图 9-6　杰里米·克拉克森演绎的亚马逊无人机宣传片**

### ◆ 30 分钟内就能送到家

在宣传片中，杰里米·克拉克森描述了一个在不久的将来可能出现的场景：3 岁的斗牛犬斯图尔德（Steward）把小女孩子的鞋子咬坏了，而小女孩下午要踢足球，女主人找到平板电脑，在亚马逊上为小女孩重新买了一双运动鞋，亚马逊通过无人机在 30 分钟内将鞋子送到家中。

在无人机以及快递的包装盒上都印着“Prime Air”的字样，在宣传片中，包裹是放在了无人机的机身中，而不是像以前设计的那样挂在无人机下面，如图 9-7 所示。

亚马逊的无人机计划就是保证在最短的时间内安全地将包裹通过无人机交付到消费者的手中。

这段宣传片是亚马逊在提出“Prime Air”计划以来首次公布的视频，并希望借助杰里米·克拉克森的影响力获得英国、美国以及其他地方民众的支持，从而为无人机扫除监管上的障碍。

图片来源：新浪科技。

图 9-7 亚马逊无人机

◆ 可以“感知并避开”障碍

在宣传片中，当一架无人机正飞在纽约市郊上空的时候，克拉克森就介绍说，未来为了适应不同的飞行环境，亚马逊还会推出不同设计的无人机家族。

宣传片中的无人机可以飞行 15 英里（约 24.14 千米），并且可以感知周围的变化，无人机应用了自动躲避技术，可以随时监控，并躲避各种障碍物，保证正常飞行。从宣传片中可以看出，该款无人机已经进行了诸多改进，不仅飞行更加稳定，而且飞行高度也提高了。

克拉克森在宣传片中介绍说，之所以用无人机送快递是为了保障快递的安全。

当无人机飞到 400 英尺（约 122 米）的高度时，精巧的混合式设计可以让其进行水平方向的飞行。无人机在接近地面目的地的时候，用户就会收到快递即将到达的信息，当无人机获准降落后，无人机将自动切换回垂直模式，并对降落区可能存在的潜在危险进行扫描，扫描安全之后，无人机将慢慢降落到有亚马逊 LOGO 的着陆点，将包裹放下后再飞回空中，如图 9-8 所示。

图片来源：腾讯网。

**图 9-8　亚马逊无人机配送**

◆**什么时候才能投入使用**

随着美国商用无人机需求的持续增长，2015 年 2 月，联邦航空管理局颁布了《商用无人机使用规定草案》(以下简称《草案》)，同时白宫也发布了一份总统备忘录，要求无人机在使用过程中做到公开、透明，还要保护公民的自由。

《草案》规定，无人机的操作者需要通过笔试获得一种特殊的飞行员执照，无人机只能在白天飞行，并且飞行速度要控制在 160 千米 / 小时以下，飞行高度要在 152 米以下的可视区域，而且无人机的操作者必须年满 17 岁。无人机不允许在人们的头顶上飞行，也不能靠近机场，以规避潜在的安全威胁。另外，新闻机构禁止使用无人机拍摄活动。

当然，《草案》中也不允许用像亚马逊这样的无人机运送包裹。但是新法草案从公布到实施还需要很长一段时间，随着科技的不断进步，或许这些规则也将会进行一些修订。从全球范围来看，无人机的需求不断增长，无人机在商业领域的应用也日益广泛，可以帮助企业降低成本，开展有风险的工作，并且促进商业领域的创新。

根据美国新闻网站 Quartz 报道的消息，美国联邦航空管理局已经取消了关于无人机安全性能的测试，这为亚马逊的无人机计划的实现创造了一种良好的环境。

### 9.3.5 顺丰：开展无人机快递配送服务的内测

2015 年，顺丰公司与极飞科技合作的物流无人机项目的开展不仅在物流行业引起了剧烈的震动，也吸引了各大媒体的争相报道。作为无人机快递的先锋，顺丰已经将无人机快递铺向了珠三角地区，每天无人机的飞行密度能够达到 500 架次，为山区、偏远乡村等农村市场提供无人机快递服务。

随着无人机快递的兴起以及测绘市场对无人机需求的日益高涨，国家相关部门也在推动行业监管条例逐渐走向明确化。以中国航空器拥有者及驾驶者协会（AOPA）为代表的部门，正在积极推进无人机行业飞行的标准化以及规范化。未来，无人机行业的从业者必须经历“三步走”环节，即考取驾驶执照—进行适航审定—申请空域飞行许可。

**◆农村、山区先行**

不管是亚马逊还是淘宝网，在开展无人机快递测试的时候都将地点选在了城市中心。事实上，这些地区由于交通发达，单位面积包裹多，采用人力的送货效率更高。无人机在城市中飞行，不仅飞行空间有限，而且收货也比较困难，因此这些测试活动炒作的嫌疑较大，实际运营的可能性较小。

顺丰在经过了两次无人机研发以及送货服务测试之后，将无人机快递的市场定位在了偏远的山区和农村，如图 9-9 所示。

图片来源：网易新闻。

图 9-9 顺丰无人机快递演示

目前，顺丰与极飞科技合作研发的快递无人机已经升级到了第三代，并在广东和浙江等地区进行了高密度的测试。顺丰的无人机快递模式，采用了一套系统化的飞行调度系统，需要全天候飞行器、远程调度系统、地面收发站点和第三方等配合协调完成。

无人机的地面收发站点在接收飞行任务之后，快递员会将装有包裹的无人机放在指定的位置，并用把枪扫描确认航班信息，无人机在确认信息无误之后会自动起飞，当到达指定地点之后，会有收件员通过扫描确认航班到达，并取下包裹，无人机将自动返航。

顺丰目前的无人机试点航线主要在山区、偏远乡村以及大型湖泊、水库等地区，在珠三角地区每天以 500 架次的密度飞行，并在飞行过程中收集实地的飞行数据，从而为以后无人机快递的运营和调度系统的构建提供有价值的数据参考。顺丰致力于打造一个庞大的无人机运送网络，从而提高偏远地区和农村市场的物流运输能力，进一步缩短快递运送的时间，提升消费者的物流体验。

顺丰的无人机快递并非是遥控无人机投递包裹那么简单，还包括无人机的落地、调度和管理的自动化系统。

顺丰无人机快递的市场目标聚焦于偏远地区，同时，无人机也会应用于物流站点之间的应急快件运送等特殊情况。由于各家物流企业对无人机物流的需求并不大，无人机物流要想实现爆发式增长还需要很长一段时间，而且要在公众市场上广泛使用无人机为消费者送货并不现实，因此，无人机在农村物流、测绘等领域的发展空间更大一些。

**◆山寨“飞手”不合规**

随着无人机需求的不断增长，无人机应用行业将逐渐走向标准化，国家对无人机的应用制定了相关的政策，针对无人机物流、测绘等行业的监管也将日渐明晰和完善。无人机的应用主要包括驾驶执照、空域使用以及适航审定3个方面。前两部分目前已经在部分省市实行落地，这也意味着以后操作无人机也需要有驾驶合格证，飞行前要向空管部门申请报备。

从2014年起，中国民用航空局旗下的AOPA开始承担对无人机驾驶员资质以及训练质量的管理工作。同时也推动了国内无人机行业执照考试、企业培训等标准化流程和准则的建立和完善。

国内很多无人机生产企业在自行组织“飞手”资格培训，并颁布了资格证书，事实上，根据相关的审批和管理办法，企业自己颁发的资格证并不具备法律效力。根据规定，向民航、空军等主管单位申请空域飞行必须有AOPA颁发的无人机驾驶员执照等资格。这也预示着无人机应用的物流、测绘等行业，将逐渐走向规范化和标准化的无人机应用时代。

# 第 10 章

# 互联网 + 停车：

## 开启智慧停车新模式

# 10.1 “互联网 +”时代的停车产业变革与重构

## 10.1.1 产业重构：资源与产品的重新配置

近几年，全国 150 家“互联网 + 停车”企业成功获得融资的只有 10%，剩余的企业均因资金链断裂，业务难以维持，不是转型，就是被兼并、收购，甚至还有部分企业倒闭、破产。就目前的情况来看，停车企业要想实现持续生存必须解决三大难题：第一，保证资金储备的充足；第二，控制企业的运营成本；第三，拥有整合线上线下资源的能力。对“互联网 + 停车”领域的创业公司来说，第三个问题最难解决。

虽然“互联网 + 停车”行业的现状堪忧，但仍吸引了很多创业者进入，因为目前受两大驱动力的影响，中国的停车行业在不断前进。第一个驱动力：我国进入了全民汽车时代，汽车逐渐成为生活必需品，日渐增加的汽车数量催生了巨大的市场需求；第二个驱动力：与互联网的融合激活了整个停车产业，传统停车的资源价值崛起。

在这两大驱动力的作用下，我国停车创业企业发生了根本性转变，这种转变主要表现在两个方面：第一，停车行业的竞争要素发生了巨大的改变；第二，停车企业的增长模式与逻辑发生了巨大的改变。在这种情况下，我国的停车行业亟须重构，只有如此才能推动我国停车行业进入最好的时代。

过去，停车消费属于卖方消费模式，停车场占据主导地位，卖方定价，产品属于非标准产品，用户的使用逻辑有很大差异。另外，停车场不同，停车规则也不同，用户只能按照停车场的规则停车，交车交钥匙，无法预订、查询，人工缴费，有位就停，费用不透明。

停车产品的第一次重构就是以这种消费形态为核心，对资源、产品重新配置。现如今，随着移动互联网的发展，社会大众要求出行方式可以实现即时预订、预约出行、导航指引，所以停车行业要为车主提供车位共享、停车导航、信息查询、代客泊车等服务，以带给车主优质的停车体验。

根据市场消费的变化，停车产业的资源实现了重新配置，进而引发了产业重构。在产业重构的过程中，停车场、停车管理公司、物业等主体与车主的关系发生了彻底的转变，车主掌握了选择权，逐渐占据了主导地位。按照以用户为主导的方式，停车产业实现了重构。

### 10.1.2 模式重构：颠覆传统停车行业模式

交通拥堵、停车难问题是一个世界性难题。相关数据显示，预计到2020年，公路上行驶的汽车数量将达到20亿辆，也就是说，到2020年，汽车数量将增加7.7亿辆，届时，交通系统的繁忙度、寻找一个合适停车位的困难度可想而知。

中国汽车流通协会的相关数据显示：2017年，我国汽车保有量突破1.94亿辆，全国有35个城市的汽车数量超过100万辆，对智慧停车项目来说，这些城市无疑是首选。如果每辆汽车每年缴纳3000元停车费，那么整个停车市场的规模就能达到1800亿元。按照10%的渗透率计算，智慧停车市场可实现180亿元的目标，足见其发展前景的广阔性。

但是，停车场管理问题依然是摆在传统停车行业面前的最大难题。

对停车场管理来说，停车位收益最大化是核心问题。要想让停车位的收益实现最大化，就要让停车场实现自动化、智能化管理，其基础是在前期做好智能停车的硬件开发与安装，为此，企业需要投入巨额资金，同时要在后期收集、分析与应用云端数据，但数据规模的扩大会耗费较长时间。所以目前，智慧停车仍处于资本推动下的资源整合期。

互联网智慧停车将停车场与车主连接在了一起，从停车场自动化、智能化管理方面来看，互联网智慧停车使停车位的空置率大幅下降，使停车位的资产收益率大幅提高；从车主寻找停车位及共享停车位方面来看，互联网智慧停车为停车难、停车费用高等问题提供了有效的解决方案，推动商业模式与服务方案不断升级。

◆公共停车场的智能管理

公共停车场的智能管理主要聚焦于停车场管理，通过智能停车设备的安装、使用让停车场实现智能化、互联网化，一边降低停车位的空置率、提高停车位的收益，一边实现停车场无人管理，降低停车场管理的人力成本，使停车场的利润实现最大化。

虽然在前期与停车场谈判会耗费大量的时间，市场推进速度比较慢，智能停车设备的安装也要耗费大量资金，但由于和停车场的利益绑在一起，能够掌握丰富的停车位资源及准确的停车位信息，所以能为车主提供优质的停车服务，这是智能设备服务商进入停车市场的最佳路径。公共停车场是智能设备服务商最初进入停车市场的最佳选择，之后可以逐步覆盖车位预定、代客泊车等业务。

◆业主车位的共享管理

业主车位的共享主要致力于业主车位管理，通过车主车位共享平台的构建为车位业主及有停车需求的车主提供对接服务，减少车位的空置时间，提高车位的利用率，在帮助车位业主增加收入的同时帮助有停车需求的车主解决停车难的问题。

该模式无须耗费过多资金铺设智能停车设备，但需要做好与停车场及停车管理公司的沟通工作，让他们享受利益分成。同时，在后期，交易频率较高的业主很有可能绕开平台直接交易，所以平台要拓展盈利渠道，不能只凭借停车分成获利，要逐渐将汽车维修与汽车金融打造成核心的盈利业务。

◆ 车位信息的共享服务

车位信息的共享服务主要致力于解决停车难问题，借地图导航、流量入口、支付工具让停车场和停车 App 实现信息互通，打破信息孤岛，共享车位信息，为车主提供车位搜索与推荐、车位导航等停车服务，从而降低车位的搜寻成本。

当前，该领域的创业公司主要通过 3 个渠道受益：一是收取停车交易佣金，二是汽车后市场的流量变现，三是地图导航车位的数据变现。但最终这些创业公司会被 BAT 巨头“收割”，让公共停车场管理与业主车位管理实现高效连接，从而让互联网停车实现高度智能化。

### 10.1.3 市场重构：市场与需求的无缝对接

过去，停车行业是买方市场，停车场占据主体地位；现在乃至将来，在停车行业中体验门户将占据主体地位。过去，停车行业以生产为中心；现在，停车行业以车主为中心，整个停车市场正在发生根本性改变。

随着社会进入互联网 2.0 时代和全民汽车时代，居民收入水平及生活水平不断提高，在互联网和移动互联网的作用下，停车信息为社会大众共享，由不对称变得充分对称，打破了过去停车场凭借不对称信息赚钱的方式，让车主可以自由停车，停车收费透明化，停车方式选择多样化，使车主的满意度得以大幅提高。

例如，早上送孩子上学之前先用停车场 App 查看学校附近的停车场，通过导航查看周边的停车环境；在出差前预约代泊车服务，到机场时，代泊车人员已在等待，车主可直接拿上行李进入候机室；周末、假期去景区游玩可扫码支付停车费，无须为现金的不足烦忧……在现实生活中，这样的场景还有很多，与互联网的结合使我国停车行业发生了巨大的改变，也使人心发生了巨大的改变。

再如，某商家经过分析发现，与周边商场相比本商家并没有什么特别的优势，商品严重同质化，无差异化竞争优势，主力店铺的品牌影响力不足……经过一番调研，该商场决定通过改造停车场打造竞争优势，将停车场向智慧化升级改造，实现无人停车，并宣布在周五至周日晚上为顾客提供免费停车的服务。

一个月后，该商场的停车场爆满，商场人流量翻了好几番。即便是到周边消费的人群也会将该停车场视为停车的第一选择，车主的停车习惯改变了。随着市场的重构，组织与商业也得以重构。

在此情况下，互联网变成了一种信息能量，现实社会的供需关系得以重塑，商业模式从单纯的流量变现向两个方向转变，一是上升为云和大数据，二是下沉为 O2O+LBS。停车行业的产业链不断拉长，推动互联网全民化。从目前的情况看，云和大数据领域聚集的主要是行业巨头，O2O+LBS 则是新领域的龙头崛起的场所。

总而言之，现如今，我国停车投资领域迎来了黄金时代。在我国停车市场重构的过程中，未来 5 ~ 10 年是关键期，也是难得的投资机遇期，各企业应紧抓机遇，为我国交通强国的建设提供支持与助力。

### 10.1.4 资本重构：开启新一轮的投资盛宴

过去很长一段时间，停车投资的主要模式是基础设施、商业综合体、立体车库建设等。在城市化的过程中，停车位一直处于短缺状态，且属于其他生活配套设施的附属品，停车投资发展缓慢。以各地政府为主导的公共车位的投资规模大；大型企业或民营企业的投资重点一直在地产领域，因为在停车投资前期需要投入大量资金，且资金回笼周期较长，投资回报率不高，所以很多企业投资地产弥补停车投资的投入。

过去，停车投资是硬投资。现如今，汽车行业全面井喷，城市基础设施基本完善，市场需求越来越旺盛，现有的停车资源已无法满足日渐增长的停车需求。在这种形势下，停车投资的重点转向了车主直接体验项目或消费型投资项目，从硬投资转向了轻投资。

因为这类投资项目的前期投入比较少，资金回笼周期比较短，回报率较高，所以这类投资项目吸引了各类资本的追捧，涌现出很多热点项目，如车位共享、地锁项目、道闸项目、代客泊车等。

现如今，不仅资源端、产品端投资在不断重构，渠道端、互联网停车领域、停车管理公司也在不断重构。目前，互联网停车投资大火，据不完全统计，2015 年我国互联网停车领域的融资有 30 起，融资规模高达 20 亿元，是 2014 年的 10 倍，并且这两个数字仍在持续增长。

由此可见，我国停车领域的投资形势一片大好，虽然还没有一家企业脱颖而出，但对资源的抢夺已进入白热化阶段。例如，阿里巴巴投资立方停车（行呗），启动阿里云“智能停车”项目，并与高德导航进行了整合；腾讯投资亿车（蜜蜂停车、宜停车），并以 QQ 和微信为基础，在车联 App 和“我的车 MyCar”的支持下创建了社交媒体平台；百度推出 CarLife，与百度地图的“附近”功能相结合构建生活服务 V2O 平台；经纬中国、红杉资本等公司开始在停车领域进行投资；银江股份、捷顺、前方集团等智能交通企业涉足了互联网停车业务；易车、平安等企业也参与了停车投资。

在此过程中，要防止所有投资集中涌入某些领域的情况发生，例如，道闸入口有 ETCP 停车、停简单等应用；车位共享领域有无忧停车、停车宝、泊泊停车等应用；代客泊车领域出现了悠泊、e代泊、美泊等。因为同一领域的模式非常容易被复制，所以某个领域非常容易聚集很多资本，仅北京的停车创业企业就有30多家，这种情况非常容易形成近距离同质化竞争，对行业发展产生不良影响。当然，有些创业公司进行了创新，如丁丁停车的地锁入口、怡丰的自动化停车、车钥匙的一站式车位平台等，实现了差异化竞争。

## 10.2 “互联网+停车”的运营模式与落地实践

### 10.2.1 移动互联网时代的智慧停车风口

随着城市化建设逐步加快、信息技术迅猛发展，各地纷纷推出了建设智能交通的项目，整个行业进入了快速发展阶段。与国外智能化、动态化的交通系统相比，国内智能交通的整体发展水平比较落后。在移动互联网迅猛发展的年代，国内智能交通与移动互联网相结合或许是未来停车产业发展的新方向。

近年来，城市智能交通行业的市场规模越来越大，智能公交、交通信号控制、电子警察、卡口、城市客运枢纽信息化、出租车信息服务管理、交通视频监控、GPS与警用系统、交通信息采集与发布、交通指挥类平台实现了迅猛发展，一个整体的PC端互联网已无法满足用户多元化的停车需求，所以，未来，我国智能交通市场将向移动互联网的方向不断发展。

#### ◆停车场系统与移动互联网的关系

车主对交通的要求就是“行”得舒坦、“停”得方便，但在现实生活中，车主的这些需求往往无法得到满足。因此，整个行业在寻找这些交通问题的解决方案。随着移动互联网时代的到来，传统交通行业和停车管理行业不断发展，正在酝酿一场大变革。

无论是智慧城市还是停车场系统，都有几个基本组成部分，分别是感知、信息传输、信息处理、信息应用。在移动互联网时代，智能手机的普及应用对智能交通造成了一定的影响，给信息采集与处理、信息服务提供了有效的支撑。

和谐交通的内涵非常丰富，包括交通系统要和谐、交通系统的构成要和谐、交通与环境要和谐、交通与社会要和谐、交通与资源要和谐。除生态环境的和谐之外，心理环境也要和谐。其中交通与社会和谐倡导交通发展要以人为核心，交通与资源和谐倡导人们要以最少的资源、最小的代价维持交通和谐。

借助移动互联网，人们恰好能获取与移动有关的在线信息，实现信息的实时收发，获得海量信息与多样化的服务。在这些条件的支持下，智能交通可获得动态导航和实时路况，从而分析整体交通。

### ◆ 移动互联网是停车场系统的发展方向

互联网企业的发展逻辑就是进入移动互联网市场，为用户提供服务，培养用户群，获取盈利。传统的物流、出租车、公交、停车等与移动互联网对接，在移动互联网思维的指导下构建智能化、人性化的停车场，为车主提供智能停车服务。现如今，对传统智能交通行业来说，创新发展对其发展有非常重要的影响。

一般来说，政府政策会对部分产品的商业模式产生较大的影响，但同时也为行业管理思路的转变、行业管理办法的梳理、行业历史遗留问题的解决提供了契机，尤其是在交通运输部取代建设部承担了城市交通管理职能之后。还有一部分产品的发展离不开政策部门、行业企业的支持，如公交、停车行业的移动互联网产品，这些产品在发展初期尤其需要政府部门及行业企业的支持。

在动态交通路况信息领域移动互联网产品发展的初级阶段，其数据主要源于出租车公司，还有政府定点采集的信息与数据。随着产品不断发展，数据源有所更新，数据实现了自主采集，产品发展的关键环节打破了其他机构的限制。

近年来，传统停车场企业加大了对移动互联网智能交通产品的关注力度，面向政府管理部门的移动互联网智能交通产品不断涌现，如移动运维产品、移动指挥产品、移动控制产品、移动视频产品等，为很多 PC 端互联网无法解决的问题提供了有效的解决方案。自进入互联网时代以来，各行各业都在努力与互联网、移动互联网对接，无论是 PC 端还是移动端都是停车行业未来的发展方向，是解决停车难问题的有效路径。

### 10.2.2 基于大数据时代的智慧停车模式

数据流通不畅导致的信息封闭使车主在城市出行过程中经常遇到停车难的问题。随着互联网时代、大数据时代的来临，各行各业都希望构建一个数据分享平台，共享数据，停车行业也不例外。借助互联网与大数据，人们关于智慧停车的畅想或将实现，停车难问题或将得到有效解决。

在现代城市交通中，停车难是一大难题，不停地寻找车位更加剧了交通拥堵。那么该如何利用“互联网 + 大数据”解决这一问题呢？现如今，随着停车行业的设备及系统不断升级，停车业务吸引了各方关注。随着互联网技术在停车行业的不断渗透，各方都开始在“互联网 + 停车”领域布局。

#### ◆ 停车设备供应商

停车场是一种具有产权归属的资产，隶属于地产物业管理机构，停车场设备及管理系统的提供和运营由专门的停车场设备供应商负责。目前，国内有一些影响力较强的停车场设备供应商，如德立达等，这些企业在业内深耕多年，积累了丰富的停车场资源、用户数据和业务经验，在停车场的改造升级方面具有先发优势，在停车体验与功能设置方面的经验丰富，并且对自有停车场资源的用户入场限制有很强的控制权。

◆安防设备供应商

停车场要做好场内停放车辆的防盗窃工作，为此，视频监控摄像机就成了停车场的必备设备。目前，海康威视、宇视科技、大华股份等安防设备供应商都开始利用其在视频技术、门禁管理、可视化管理等方面的优势涉足停车场业务，成为该业务强有力的竞争者。

◆互联网企业

互联网企业进入停车场业务扬言要颠覆停车场现有的商业模式与经营模式。互联网企业凭借互联网思维，以资本市场为依托强行进入停车场业务领域，利用“补贴、免费送设备”等营销手段先声夺人，致力于企业宣传，以期快速抢占市场，获取用户。对互联网企业来说，资本运作是最大的优势，但由于缺乏行业积累，所以在具体业务的应用方面出现了一系列问题。

未来，数据将成为企业最重要的生产资料。那么，停车大数据究竟能产生何种效用呢？以先进的传感技术为依托，各大停车场门口及主要道路干线都会安装传感器，实时获取泊位数据，如停车停入时间、停车时长等。同时，在阿里云的支持下，这些泊位数据会被上传到云端，在用户手机上显示出来，让车主实时获取相关信息。

“互联网＋大数据”还可以通过汽车共享为出行问题提供有效的解决方案。通过共享车位，停车场可对停车位资源进行优化配置，提前对停车车辆进行分流，缓解交通拥堵的问题。同时，随着停车时间能被准确抓取、记录，道路停车将摒弃传统的收费方式（人工收费或 POS 收费），车主无须再取卡进出停车场，可通过手机支付。另外，在“互联网 + 大数据”的支持下，停车场还能为车主提供一系列“车生活”服务，如汽车保养、汽车加油、洗车等。在明确车辆的停放地点及停放时间之后，相关企业将对附着在“停车”需求上的增值服务进行深入的开发与挖掘。

“大数据 + 互联网”环境下的智慧停车借助互联网将分散的停车场串联起来，打破了信息孤岛，对有限的停车资源进行了优化配置，有效解决了停车难问题。另外，以互联网及大数据为依托，相关企业构建了“车主—车位”共享平台，让车主与车位能实现有效对接，从而盘活车位空闲时间，使车位使用率不断提高，让数据共享的构想成为现实。

### 10.2.3 未来智慧停车领域的发展新方向

对行车人士来说，停车是刚需；对智慧城市来说，智慧停车是重要组成部分。智慧停车要以停车场的高效管理为基础，以汽车后市场生态的打通为动力，最终推动车位共享经济升级。

**◆停车场如何做到高效管理**

停车场想要实现高效管理必须做到两点，一是自动化，二是智能化，具体来说要经过 3 个阶段。

第一阶段：收集停车数据。通过安装智能停车系统记录停车数据，如车牌号、汽车品牌、颜色、驶入停车场的时间、驶出停车场的时间等，并将这些数据上传到云端进行存储。

第二阶段：挖掘云端数据。通过车牌号分析车辆归属地，通过车辆品牌对车主进行画像分析，通过车辆驶入、驶出停车场的时间分析停车时段。

第三阶段：停车数据商用。例如，以车牌号、停车时间、商户导流为依据对停车位分区管理，将不同区域的停车位以不同的价格和方式出租，以提高车位的利用率及收益。

◆打通汽车后市场生态

当前，在车主生活的领域有四大 App，分别是驾考 App、社交 App、停车 App 和查违章 App，其中驾考 App 属于先发应用，用户留存度比较低；查违章 App 属于高频应用，但用户的停留时间较短；社交 App 属于后发高频应用，但用户获取比较困难；停车 App 属于高频应用，且用户场景比较固定，可以用来获取车主户。

首先要通过停车 App 将查违章 App 和社交 App 连接起来，建立规模庞大的用户群；其次要向汽车维修、汽车金融等付费环节延伸，推动车主价值变现；最后向新车及二手车市场延伸，在全汽车生态领域布局。

◆车位共享经济升级

车位共享经济升级离不开车位信息共享与车位分时租赁的推动。首先，在车位信息共享层面，车位共享经济的升级要打破停车场与停车 App 间的信息孤岛，通过地图导航实现即时连接；其次，在分时租赁方面，车位共享经济升级既要以智能化的方式对公共停车位进行分时段管理，又要提高业主的车位共享的意识，让共享平台、车位业主及车主、物业及停车管理公司三者之间的利益达到均衡，让车位共享价值实现最大化，在提高车位资产收益率的同时降低车主的停车费用。

### 10.2.4 停车企业如何实践智慧停车模式

随着汽车保有量不断增加，汽车与停车位之间的矛盾越来越严重，出现了停车难、寻车难、停车场管理难等诸多问题，互联网的出现与发展为该问题提供了有效的解决方案。人们将 2015 年称为“智慧停车元年”，从 2015 年开始，国内涌现了众多“互联网 + 停车”公司，这些公司开发了许多智能停车App，在众多资本的参与下，整个停车市场迅速升温。即便如此，停车难问题依然没有得到有效的解决。因为目前这些App的主要功能是帮用户寻找有空车位的停车场，无法带给车主优质的停车体验。于是，人们开始思考一个问题："互联网+停车"究竟能否实现智慧停车呢？

2016年初，国务院印发了《关于加强城市规划建设管理工作的若干意见》(以下简称《意见》),《意见》提出不再建设封闭式小区和住宅，已建成的小区和住宅要逐步打开，小区内部道路公共化，解决交通路网布局问题。

那么，该措施真的能解决现有的交通拥堵、停车场供不应求等问题吗？在"互联网+"时代，停车企业该如何与互联网对接以满足车主的停车需求呢？

### ◆科拓：迎合市场需求专注智慧停车

在政府利好政策的支持下，在大量创业公司崛起与传统企业进入的驱动下，智慧停车行业呈现爆发之势。目前，我国停车行业的变化速度较快、市场复杂、各种停车难问题尚未解决，在这种形势下，科拓通讯技术股份有限公司聚焦智慧停车领域，以自身强有力的技术研发实力和丰富的实践应用经验为依托，从产品设备、手机应用、专业技术等方面着手，采取有效的应对措施，为行业发展提供了强有力的支持与助力，表现在以下两个方面。

(1)停车设备方面。科拓通讯技术股份有限公司(简称科拓股份)面向多元化的客户需求，围绕智慧停车深入停车管理的方方面面，开发了场内找车机系统、停车场手机应用、出入口免取卡收费系统、车位引导系统、城市停车诱导系统等一系列产品，产品的发展脉络清晰，形成了一个完善的发展道路。同时，科拓股份致力于自身产品及技术的创新，集中全部精力加大产品的市场开拓力度，争取让客户享受更优质、更智能、更满意的停车服务。

（2）停车手机应用方面。科拓股份不断升级“速停车”应用，不断完善其功能，让操作更加便捷，不断加大该应用的推广力度，拓展其覆盖范围。另外，科拓股份还以互联网强大的连接能力为依托对线上、线下资源进行整合，不断加大在智慧停车领域的投入，以促使停车场的运行效率与服务体验得以持续提升。

◆ **朗通：网上预约及移动 App**

随着城市车辆保有量的持续增加，停车难问题越来越严重，快速找到停车位、快速缴纳停车费、快速找到停放车辆已成为车主迫切的需求。同时，面对不断增加的车辆，市政管理也遇到了一系列问题，合理规划停车场、合理管理停车收费、避免拥堵等成了停车场管理人员的迫切需求。

面对这种情况，朗通科技推出了网上预约及移动 App，随着这两大应用与服务逐渐被车主熟知、使用，停车难问题得到了有效的缓解。现如今，随着用户的停车需求逐渐增大，机械化的停车方式不再适用，为满足用户的停车需求，停车场必须进行信息化、智能化、多元化改造。

在“互联网 +”时代，随着互联网与停车服务的深入融合，智慧停车场、停车 App 等“互联网 + 停车”业态实现了迅猛发展。“互联网 + 停车”以互联网为依托，将分散的停车场连接在一起，打破了信息孤岛，对有限的停车资源进行了优化配置。但从目前的情况看，因为某些技术尚未成熟，用户习惯尚未养成，用户体验不佳，停车难问题依然存在，以上这些仍是困扰车主的一大难题。

# 参考文献

[1] 赵光辉，李莲莲，单丽辉 . 综合运输服务：互联网与大数据应用评价 [J]. 综合运输，2015.9.

[2] 赵萍 .2014 年中国流通产业回顾与 2015 年展望 [J]. 中国流通经济，2015.1.

[3] 何黎明 .2014 年我国物流业发展回顾与 2015 年展望 [J]. 中国流通经济 ,2015.2.

[4] 赵光辉 .“十三五”期中国交通服务战略展望 [J]. 改革与战略，2015.5.

[5] 戴夫•柯本，特蕾莎•布朗，瓦莱丽•普里查德 . 互联网新思维：未来十年的企业变形计 [M]. 北京：中国人民大学出版社，2014.4.

[6] 涂子沛 . 大数据：正在到来的数据革命 [M]. 桂林：广西师范大学出版社，2015.4.

[7] 赵光辉，田仪顺 . 交通运输社会服务能力 [M]. 北京：人民交通出版社，2013.5.

[8] 何承，朱扬勇 . 城市交通大数据 [M]. 上海：上海科学技术出版社，2015.1.

[9] 赵光辉，陈立华 . 公路交通应急管理教程 [M]. 北京：人民交通出版社，2013.3.

[10] 阿里研究院 . 互联网 +：从 IT 到 DT[M]. 北京：机械工业出版社，2015.4.

[11] 王先庆，李征坤，刘芳栋，张靖军 . 互联网 + 物流：“互联网 +”时代，下一个千亿级“风口”[M]. 北京：人民邮电出版社，2015.11.
[12] 赵光辉 . 我国“互联网 +”综合运输服务的演进与政策研究 [J]. 中国流通经济，2016.3.
[13] 曹磊，柴燕菲，沈云云，曹鼎喆 ·UBER：开启“共享经济”时代 [M]. 北京：机械工业出版社，2015.10.
[14] 田仪顺，赵光辉，李莲莲，等 . 公路交通服务体系的战略方向和建设重点 [J]. 综合运输，2015.12.
[15] 蔡余杰，黄禄金 . 共享经济 [M]. 北京：企业管理出版社，2015.9.
[16] 李善友 . 颠覆式创新：移动互联网时代的生存法则 [M]. 北京：机械工业出版社，2015.3.
[17] 赵光辉，田仪顺，李莲莲 . 我国道路运输服务业发展评述 [J]. 综合运输，2015.6.
[18] 杨东授，段征宇 . 大数据环境下的城市交通分析技术 [M]. 北京：同济大学出版社，2015.1.
[19] 李莲莲，田仪顺 . 基于现代交通运输视角的交通服务业研究 [J]. 交通企业管理，2013.8.
[20] 邹力 . 物联网与智能交通 [M]. 北京：电子工业出版社，2012.6.
[21] 汪晓霞 . 城市智能交通系统技术及案例 [M]. 北京：北京交通大学出版社，2014.4.
[22] 田仪顺，赵光辉等 . 公路交通服务体系的战略方向和建设重点 [J]. 综合运输，2015.10.
[23] 杨臻 . 蜘蛛——物流战略高管手记 [M]. 北京：清华大学出版社，2014.2.
[24] 塞缪尔•格林加德 . 物联网 [M]. 北京：中信出版社，2016.1.
[25] 田仪顺 . 基于阶段性的交通资源配置与经济社会发展需求的适应性

分析 [J]. 公路与汽运，2014.3.

[26] 杨正洪．智慧城市——大数据、物联网和云计算之应用 [M]. 北京：清华大学出版社，2014.1.

[27] 巴罗．企业物流管理——供应链的规划、组织和控制 [M]. 北京：机械工业出版社，2006.8.

[28] 王晨晖．云端致胜——亚马逊电商帝国的财富密码 [M]. 北京：中国宇航出版社，2013.11.

[29] 刘军．汽车后市场电商模式与运营 [M]. 北京：化学工业出版社，2015.4.

[30] 戴定一．智慧物流案例评析 [M]. 北京：电子工业出版社，2015.11.

[31] 徐晓齐．车联网 [M]. 北京：化学工业出版社，2015.9.

[32] 赵光辉，田仪顺．基于公众满意度的公路交通社会服务能力调查研究 [J]. 公路交通科技，2012.6.

[33] 娜达．R. 桑德斯．大数据供应链：构建工业 4.0 时代智能物流新模式 [M]. 北京：中国人民大学出版社，2015.7.

[34] 田仪顺．交通运输行业社会服务能力满意度调查之思考 [J]. 交通企业管理，2012.3.

[35] 李联卫．物流管理案例及解析 [M]. 北京：化学工业出版社，2015.6.